冰人與白塔
抗戰末期被遺忘的作戰計畫

Rashness and Beta

The Forgotten War Plan at the End of the Second Sino-Japanese War

目錄

導言

蘇聖雄
中央研究院近代史研究所助研究員

一

　　若數第二次世界大戰期間哪位將領最為出色，美國的巴頓將軍（George S. Patton）想必名列前茅，他在歐洲戰場獲得赫赫戰功，聲譽卓著，鮮明個性亦是為人津津樂道。然而，許多人不知道的是，歐戰結束未久，巴頓將軍一度被考慮調往中國，指揮在華美軍對日作戰。由於巴頓是美國集團軍指揮官，此舉意味著美軍將投入大量資源於中國；隨著德國投降，「重歐輕亞」的美軍戰略將大幅逆轉，中國在世界戰局之中可能扮演著不同於以往的角色。

　　先是，1945 年初日軍一號作戰結束之後，國軍籌劃反攻，從以往的戰略守勢將轉為戰略反攻階段。在中國戰區參謀長魏德邁（Albert C. Wedemeyer）的協助之下，國軍大幅改組，建立同盟國中國戰區陸軍總司令部（陸總）於昆明，統一指揮及整訓西南各戰區部隊，並且與美軍密切聯繫。

　　魏德邁提出「阿爾發計畫」（Alpha Plan），協助中國防禦、反攻、整軍、補給、訓練等事宜。為實行此項計畫，擬由美軍提供武器與作戰物資裝備國軍。由於當時中國有約 350 萬人之兵力，無法充分供應這麼多的

軍需品與裝備，魏德邁因此向蔣中正建議訓練一支較小但訓練良好的部隊。國軍隨即決定集中裝備 36 個師，這批部隊後來加上駐印軍（新一軍）的 3 個師，共有 13 個軍 39 個師，全數由陸總管轄，因係配合「阿爾發」計畫而建立，又稱作阿爾發部隊（Alpha Forces）或「阿爾發師」（Alpha Divisions）。阿爾發部隊規劃裝配的武器較舊式國軍大為增強，步槍、機關槍、戰防砲等增厚許多，尤以砲兵最為顯著，戰力已不下當時在華日軍。

就在魏德邁積極協助國軍整訓之際，德國投降，歐戰結束，盟軍大量兵員及物資可以轉用於對日本的全面進攻。1945 年 6 月 16 日，美國陸軍參謀長馬歇爾（George C. Marshall）電告魏德邁，考慮將巴頓上將、德弗斯上將（Jacob L. Devers）、辛普森中將（William H. Simpson）或特拉斯高中將（Lucian K. Truscott）等人，調到中國戰場指揮在華美軍。

巴頓上將是美國第三集團軍（Army）總司令，其他幾位將領亦是當時的風雲人物，辛普森中將是第九集團軍總司令，特拉斯高中將是第五集團軍總司令，而德弗斯上將更是第六集團軍群（Army Group）總司令。美國的集團軍與國軍集團軍不同，編制裝備相當龐大，人數可達 20 萬人以上，至於集團軍群，包含數個集團軍，人數最多可達百萬。馬歇爾要將這些將領調到中國，顯示中國戰場的重要性，已非戰爭爆發之初可相比擬。

接獲馬歇爾的電報，魏德邁對於熟悉現代戰爭的幾

位歐洲戰場將領能否接受中國戰場表示疑慮，且巴頓脾氣急躁，但他仍立即接受此一提議，認為中國戰場需要這幾位卓越且經驗豐富的指揮官，蔣中正亦表同意。由於巴頓階級較身為中將的魏德邁為高，魏德邁向馬歇爾表示樂意讓位，由巴頓指揮中國戰場，並在其麾下聽候差遣，惟馬歇爾仍決定以魏德邁指揮。魏德邁乃初步籌劃將巴頓派至華北戰場，擔負向東進擊以攻取北平、天津及秦皇島等重要目標；特拉斯高負責指揮中線長江流域以東戰事，攻取上海；麥克魯（Robert B. McClure）負責華南戰事，指揮攻取廣州、九龍等要地。[1]

巴頓後來因故並未轉赴中國。美軍規劃由辛普森擔任中國戰場美軍副總司令，負責監督中美兩國地面部隊的作戰行動，原在印度的空軍中將史崔特梅爾（George E. Stratemeyer）擔任中國戰區盟軍空軍總司令。

二

上述過程，在在呈現中國戰場價值的轉變，一般不甚注意的戰爭末期國軍的反攻準備，當下確實積極籌劃進行。這個準備過程，除人事之變化、裝備之改善，並具體體現在幾份中國戰區總反攻計畫當中。這些計畫經過不斷演變，〈冰人〉及〈白塔〉作戰計畫，是其首要者，即本書所收錄之史料。

〈冰人作戰計畫〉（Rashness）由中國戰區美軍總

---

1 Albert Wedemeyer, *Wedemeyer Reports!* (New York: Holt, 1958), pp. 331-332.

部戰區設計科擬訂，經魏德邁核定，於 1945 年 3 月 23 日製成。當時中美雖有打通中國廣州海口之打算，但由於後勤補給仍然吃緊，暫無法發動大規模反攻，乃基於日軍將逐步後撤的評估，擬訂〈冰人作戰計畫〉，欲隨日軍自貴州撤退，尾隨進攻，予日方壓力。

計畫之戰略判斷，認為中國戰區與其鄰近戰區太平洋戰區、西南太平洋戰區及東南亞戰區，已發展到必須密切聯繫之態勢。日軍正於中國與安南方面調整部署，以有力部隊守備長沙以南走廊地帶之交通網，同時加強寧波半島至海防海港（安南）之間中國沿海美軍可能登陸地點之防禦。在此日軍重行調整部署之際，中國戰區之盟軍擬實施強大之聯合攻勢，切斷敵軍交通線及收復華東空軍基地，並利用此基地轟炸敵軍，以利太平洋方面之作戰。就整體對日戰局來說，該作戰計畫首要目的是支援太平洋美軍反攻，使日軍分身乏術，其次才是藉大規模反攻恢復或提高中國陸軍之士氣及戰鬥力。

〈冰人作戰計畫〉的任務為克復長沙——南昌——武昌間地區，切斷敵軍通至安南及其以南地帶，以便之後的反攻獲得有利之態勢。計畫的主攻區分三個階段：

第一期為「冰人一」，攻擊開始日期為 1945 年 8 月 15 日，自昆明區前進，沿昆明——貴陽——芷江——長沙作戰軸線克復長沙、衡陽，橫跨湘江完成橋頭堡陣地。

第二期為「冰人二」，自 9 月 15 日開始，首先對以上地區重新劃分、編組與調整，重新補給一切部隊，以增進補給線之補給能力，修復原有機場並新築機場，

以增進空軍之戰鬥力。之後部隊將進入長沙以南及洞庭湖以西地區，增援第六戰區，阻止敵人侵入長沙以南、洞庭湖以西之地區。

第三期為「冰人三」，攻擊開始日期為 12 月 1 日，自長沙、衡陽前進，以三角形銳利之攻勢攻占武昌、南昌、吉安，然後再從新占地區繼續進攻。

計畫另規定助攻、協助兵力、空軍參戰。與國軍抗戰時期諸多作戰計畫相較，除敵情及戰況估計更為詳細，並特別重視後勤。對於後勤交通路線、道路長度、單向道或雙向道、橋樑載重、最大坡度、最小曲半徑、陸面狀況、雨天可否行駛，以及河川渡河點、水位高低及流速、渡船運載量、浮橋所需長度、可行船隻噸位等，都有事先詳細考察；運輸路線而外，計畫對於作戰各時期所需物資噸數、裝備、藥品、人員，也有詳細估算。重視工兵部隊亦為此計畫之特色，計畫規定由美軍訓練國軍工兵再配屬各部，擔負修理及保養道路、設置簡單渡河設備或堡壘掩體，並負責構築或排除障礙物，構置偽裝及緊急設備，必要時且將擔負戰鬥任務。

三

〈冰人作戰計畫〉策劃之同時，〈白塔作戰計畫〉亦在研議，美方並盡可能先行後者。

〈白塔作戰計畫〉（又稱〈白塔計畫〉，即 Beta Plan）的研議，早於〈冰人作戰計畫〉，該計畫在魏德邁上任後即有討論。Beta 係希臘第二個字母，而Alpha 為第一個字母，因此〈白塔計畫〉係相應於〈阿爾發計

畫〉所提出的一種總反攻計畫。該計畫草擬於 1945 年
2 月 13 日，部分內容被修改為〈冰人作戰計畫〉，後
來反過來承繼冰人計畫，不斷修訂。

　　時日軍從華南逐漸撤軍，且美國占領菲律賓，補給
線得延伸至中國沿海，打開廣州海口成為可能。6 月
初，〈白塔作戰計畫〉重新擬定並改稱「卡波內多」
（Carbonado），成為中國戰區最終的總反攻計畫。

　　計畫的戰略判斷與假想事項和〈冰人作戰計畫〉相
似，任務則由克復長沙──南昌──武昌間地區，轉變
為奪取西南海岸之港口，藉以截斷敵方在越南及其以南
地區之路上交通線，並造成續行向敵進攻之優良態勢；
尤其若能開放海口，使中國戰區獲得充分補給，國軍便
可在對日作戰中發揮更大貢獻。

　　與〈冰人作戰計畫〉區分三期不同，〈白塔作戰計
畫〉區分為四期，並提早半個月發動。第一期自 1945
年 8 月 1 日始，由昆明、貴陽地區進攻，以昆明、百
色、南寧之線及貴陽、百色、柳州之線為軸，占領並確
保柳州、南寧地區。第二期自 9 月 1 日始，確保上述地
區，整理、訓練、裝備、補給部隊，加強運輸，修補舊
機場並新築機場，依據美國聯合參謀部之核准，與西南
太平洋戰區合作，建立呂宋至柳州、南寧間之空中運輸
線。第三期自 11 月 15 日始，中國戰區與中太平洋區及
西南太平洋區空軍或海軍及兩棲部隊協同，向廣州、香
港地區推進，美國駐華空軍予以有效空中支援。另有替
代方案，即與西南太平洋戰區空軍或海軍及兩棲部隊協
同，向雷州半島推進，同時進入廣州、香港各通道，施

以最大壓力，期獲取一良好之中繼海口。第四期至遲不晚於 12 月15 日始，奪取並確保廣州、香港地區，同時以中太平洋及西南太平洋區之空軍或兩棲部隊，協力或支援此項攻勢。

與〈冰人〉相似，〈白塔〉亦十分強調後勤支援的重要。其實，魏德邁來華擬訂中國戰區新配量計畫時，曾作過一番調查工作，結果顯示中國沒有一個人聽過所謂「軍隊靠肚皮」這句話。魏德邁因此投入中國軍隊補給制度的改良，並改善傷兵救護。〈白塔作戰計畫〉爾後隨戰局變動有所修正，成為主導中國戰區的總反攻計畫。

四

〈冰人作戰計畫〉與〈白塔作戰計畫〉原件藏於國史館《陳誠副總統文物》全宗，「軍政部長任內冰人白塔作戰計畫」卷，典藏號 008-010701-00031-001~008-010701-00031-012。兩份美軍製定，中國翻譯的反攻計畫，諸多抗戰史著作或有所及，惟多未展示其全貌。本書全文收錄，並收有計畫數個附件，內容除前述的作戰指導規劃，並大量呈現國軍內部實際狀況及日軍動態，如指出西南整訓的部隊而外之國軍「裝備缺乏，以輕兵器及彈藥為甚，部隊輕兵器及彈藥缺乏，不能超過百分之十至十五」，得見國軍實際戰力；「藥品估計」可見國軍作戰所面臨的疾病與衛生問題；後勤供應可見美軍物資漸次輸入中國之整體情形；「戰略判斷」則得見美軍對國軍貢獻之期待。

　　相較學界集中探討抗戰初期的盧溝橋事變、淞滬會戰，或其他諸多重要會戰，抗戰末期軍事反攻的討論相對甚少，就軍事作戰來看整個抗戰史研究，似有虎頭蛇尾之感。誠然，是時美軍重點置於太平洋，並未打算藉國軍反攻擊敗日本，後來美國的原子彈與蘇聯參戰使戰爭迅速結束，更讓國軍反攻之作用相對黯淡，日後甚至有日本僅是由美軍打敗之說，忽視中國戰場之價值。

　　其實，歐戰結束後美軍開始全力對日，固然大多資源集中於太平洋方面的直接登陸日本本土結束戰爭，但亦顧慮日本中央可能遷移到中國繼續頑抗，因此中國戰場之價值，一方面是牽制日軍以助美軍太平洋方面的進展，一方面為防範日軍利用中國。[2] 中國戰場確有其作用，不宜過度輕忽。本書揭示的兩份總反攻計畫，具體呈現了美軍對中國戰場的借助。[3]

2　Roger B. Jeans, ed., *The Letters and Diaries of Colonel John Hart Caughey, 1944-1945: with Wedemeyer in World War II China* (Lanham; Boulder; New York; London: Lexington Books, an imprint of The Rowman & Littlefield Publishing Group, Inc. 2018), p. 15.

3　導言部分內容，修改自蘇聖雄，〈抗戰末期國軍的反攻（1945）〉，《國史館館刊》，第 51 期（2017 年 3 月），頁 97-140。

編輯凡例

一、本書收錄抗戰末期國軍兩大反攻計畫：〈冰人作戰計畫〉與〈白塔作戰計畫〉及其附件。

二、白塔（Beta）又譯白他，本書一律稱作白塔。

三、本書紀年依據原檔，依不同脈絡使用西元或民國紀年。

四、為便利閱讀，本書以現行通用字取代古字、罕用字、簡字等，並另加現行標點符號。

五、所收錄資料原為豎排文字，本書改為橫排，惟原文中提及「如左」（即如後）等文字皆不予更動。

六、為便於閱讀，本書將原檔部分條列內容繪製表格呈現。

七、本書〔 〕中括號，係註記原文錯漏或編者說明。

八、難以辨識字體，以■表示。

九、本書涉及之人、事、時、地、物紛雜，雖經多方審校，舛誤謬漏之處仍在所難免，務祈方家不吝指正。

本書軍隊符號

代號	中文意義
GHQ	總司令部
GA	集團軍、方面軍
A	軍
FA	航空軍
D	師、師團
GD	近衛師團
FD	飛行師團
B	旅、旅團
Bs	獨立混成旅團
iBs	獨立步兵旅團
R／i	團、步兵聯隊
Rs	獨立混成聯隊
前綴 N	新編
前綴 R	預編
前綴 T	暫編
前綴 H	榮譽
前綴 i	步兵
前綴 K	騎兵
前綴 TK	戰車

說明
1. 國軍陸軍階層為方面軍／集團軍、軍、師、旅、團。
2. 日本陸軍階層為方面軍、軍、師團、旅團、聯隊。
3. GA 係國軍編制，指集團軍或方面軍；日本方面軍之代號為 HA，本書並未出現。
4. GD 係日軍編制，為守衛宮城的師團。
5. Bs 係日軍編制，由步兵與其他數個兵種編成的旅，直屬於高級司令部。
6. iBS 係日軍編制，由步兵與通信隊編成的旅，直屬於高級司令部。

本書軍隊縮寫

代號	英文意義	中文意義
CAI	Chinese Army in India	在印度的國軍／駐印軍
CAC	Chinese Army in China	在中國的國軍
CCC	Chinese Combat Command	中國作戰指揮部
CTC	Chinese Training Command	中國訓練指揮部
IBT	India-Burma Theater	印緬戰區

一、冰人作戰計畫

極機密

一九四五年三月二十三日

中國戰區美軍總部戰區設計科擬訂

魏德邁將軍核定

呈

部長陳

第一章　戰略判斷

第一節

太平洋與遠東之戰略情況，已發展到必須密切連繫之態勢，即中國區與其鄰近戰區太平洋區、西南太平洋區及東南亞戰區之配合。

第二節

在中國與安南方面，倭寇繼續調整新部署，以有力部隊守備長沙以南走廊地帶之交通網，同時寧波半島及海防海港（安南）之間，中國沿海岸可能之登陸點，施以堅固之防禦。

第三節

乘倭寇正從事調整新部署之際，在中國戰區之盟軍應實施強大之連合攻勢，以遮斷敵交通線及收復華東空軍基地，利用此基地以轟炸敵軍，對於太平洋作戰軍之價值頗大。

第二章　冰人作戰計畫綱要

第一節　計畫要旨

　　本計畫乃準備以中國可能使用之有力的陸空軍及其他協同部隊實施連合作戰，以向在華敵軍反攻之計畫。

第二節　想定

甲、太平洋戰爭按照計畫繼續進行。

乙、歐洲方面德軍有組織之抵抗於一九四五年五月十五日崩潰。

丙、一九四五年五月間倭寇為應付美軍在華東海岸之威脅與真面目之攻勢起見，勢將調整新部署。

丁、所有倭寇之海空軍全力活動區域及戰鬥力，於一九四五年勢將逐次削弱。

戊、四吋之大油管經過緬甸，將於一九四五年四月十五日到達雲南驛，六月十五日到達昆明。

己、空運量和雷多至昆明公路之運輸量，每月輸入將超過六萬噸。

第三節　任務

　　克復長沙－南昌－武昌間地區，以遮斷敵軍通至安南及其以南地帶，以便爾後反攻獲得有利之態勢。

第四節　方針

甲、先期完成對中國陸空軍補給效率之有效增進。

乙、竭盡一切作戰能力實施大規模反攻，完成中國戰區

戰略戰術上有利態勢，以裨益太平洋戰區之作戰。

丙、如實施大規模之反攻，可以恢復或提高中國陸軍之
士氣及信念，以增進戰鬥力。

第五節　作戰計畫概論

甲、主攻（參看第一圖）

一、第一期

冰人一（攻擊開始日期一九四五年八月十五日）
自昆明區前進沿昆明－貴陽－芷江－長沙作戰軸
線，克復長（沙）衡（陽）區，橫跨湘江完成橋頭
堡陣地。

二、第二期

冰人二（一九四五年九月十五日開始）

1. 對以上地區重新劃分、重新編組、重新調整及重
新補給一切部隊，以增進補給線之補給能力，修
復原有機場，並新築機場以增進空軍之戰鬥力。

2. 準備部隊進入長沙以南及洞庭湖以西地區增援
六戰區部隊之阻止作戰，以阻止敵之侵入長江
以南、洞庭湖以西之地區。

3. 擴大敵軍防禦體系上所發現之弱點。

4. 盡量訓練裝備及補給此項增加之華軍。

三、第三期

冰人三（攻擊開始日期一九四五年十二月一日）

1. 自長（沙）衡（陽）區前進，以三角形銳利之攻
勢，以攻占武昌、南昌、吉安，爾後再從上項
占領地區繼續進攻。

2. 此時期之作戰應在衡（陽）零（陵）公路及耒（陽）郴（縣）公路實施牽制作戰，以策主作戰之側背安全。

乙、助攻

一、側擊

1. 向東南之助攻，係沿昆明－百色－南寧軸線實施，以南寧為目標，於一九四五年九月一日，以牽制敵軍於西南地區為目的。

2. 進入安南北部之攻勢，沿蒙自－老開軸線側擊，目標為河內，於一九四五年九月一日開始，以牽制敵軍於安南。

二、輔助攻擊

1. 阻止戰：向南寧與河內之側擊，應以所有堪以出擊之兵力採取阻止戰，以協助（不包含阿爾發計畫內）用以牽制常德－宜昌線以東及安南邊境以南之敵之作戰。

2. 冰人計畫中之部隊，在第二期作戰應支援第六戰區參加阻止戰之部隊。

丙、協助兵力

一、游擊戰、別働戰、突擊作戰

強化游擊戰及別働軍之活動，須與突擊作戰密切連繫，以配合主作戰。

二、神經戰之展開

丁、空軍參戰

中國戰區空軍之作戰指導，應使密切的協同於主攻助攻方面，以主動的空中攻勢行動完成戰場上空制空權，以戰術戰略之行動攻擊敵後方地區之設施、倉庫、部隊集中地等，於地形、氣候許可之下，經常緊密地與陸軍作戰術的協同。

第六節　作戰研討

甲、地面作戰

一、主攻

第一期

冰人一（開始時期一九四五年八月十五日）

1. 長（沙）衡（陽）區，在現狀下之中國軍應以此區為最好之目標，其理由如次：

    A. 華軍現已部署防守昆明區並正受美方訓練及裝備，於八月十五日以前毋須變更，現正計畫即可利用此項路線開始攻勢。

    B. 從貴陽分向長（沙）衡（陽）區域發展之作戰區，安全交通線再加以可能的空運，可以保持此區作為爾後第三期作戰中之向武昌－南昌－吉安前進之根據地。

    C. 在漢口－河內向敵之主要交通線因此可以遮斷，於是敵除此線以東之困難地形及運輸量微弱之路線以外，衡陽以南之敵軍均被隔絕。

    D. 可以收復在敵軍占領下之洞庭湖產米區之一大部分，於是不僅奪取敵軍之糧食主要來

源，而我軍可就近增加軍食，藉以減輕我方
長距離補給之困難。

E. 繼續前進到最後目標武昌－南昌－吉安，我
方之交通線可短縮。

第二期

冰人二（開始時期為一九四五年九月十五日）

1. 長（沙）衡（陽）區鞏固之必要，可使大量陸空
軍向前推進確保此區，以為作戰準備之根據，
爾後繼續向武昌－南昌－吉安進攻。

2. 在此期中充分利用敵防禦體系中之弱點，近而略
取我希望之最後目標。

3. 在此期完全肅清長江南岸、洞庭以西三角地帶
之敵軍，否則彼可威脅我冰人部隊主力軍之側
背，以打破我第三期及以後作戰之成功。第六
戰區之華軍，應須支援俾完全肅清此區之敵
軍，因之冰人部隊須準備兵力，以為必要時之
支援。

第三期

冰人三（一九四五年十二月一日開始）

1. 在冰人計畫第三期開始之日計算，長衡區域部隊
之充實整訓，已足繼續向武昌－南昌－吉安等
地反攻。

2. 冰人第三期計畫預訂之完全成果為：

A. 遮斷敵軍主要交通線。

B. 阻止敵人利用武昌以西之長江交通。

C. 我空軍回復吉安空軍基地。

D. 準備進占江西省之其他機場。

3. 敵人將頑強抵抗，我由湘西向東前進，敵之防禦
勢必包含由南方及東南方沿零陵－衡陽公路與
郴縣－衡陽公路之反攻，由此兩方面之反攻，
將直接嚴重威脅冰人部隊之右翼及後方，故向
此兩公路行阻止作戰，以拒止敵之此種行動。

二、助攻

1. 側擊南寧及河內（一九四五年九月一日開始）。
此種攻擊最初僅用少數之兵力，其目的：

A. 保護主力前進之右翼及後方。

B. 阻止敵軍犯南方，否則勢將向我反攻。

2. 輔助攻擊

A. 以所有可能抽調之兵力（未包含在阿爾發計
畫內）實施阻止戰，以協同在第六節一B所
述之兩種側攻。

B. 以使用防禦此地之所有兵力及不妨害主作戰
之原則下，可能抽用一部裝備及人員施行攻
勢防禦之作戰。

C. 應以空中、地上之偵察搜索及威力搜索襲擊
及有限目標攻擊諸手段，經常與南寧－柳
州－桂林－宜昌－南陽－西安附近各地區之
敵保持接觸。

D. 此區域內之攻勢行動應為：

一、牽制確有戰力之敵軍。

二、擾亂敵人不使敵有休息之機會（疲憊

敵人）。

三、增大敵之損耗。

四、供給敵軍兵力部署調動等重要情報。

五、華軍能有充分作戰之準備及出擊以前，
須用阻止兵力向此區域實施大規模之作
戰，以防止敵之大反攻。

乙、空戰

1. 目標

在實施冰人計畫之前及實施之時，中國戰區之空
軍作戰應如此計畫及密切連繫，以使此計畫之成
功，克有龐大之戰果。空戰之目標選定，應詳細
考慮之件為：空軍編制及部署必須增強，以目標
之種類和區域而選定其先後實施之順序，決定各
時期空戰兵力之比率。

2. 敵交通線之遮斷

在實施此期作戰之時，預測太平洋區及西南太平
洋軍力應足以阻止敵人由海上進入臺灣以南之中
國海港，在長衡一帶作戰之敵軍極易被攻擊。陸
上交通線之遮斷，使敵軍不能由黃海經長江進入
武漢袋形地帶，並遮斷其依公路、河流、鐵道再
進入長衡地區，敵變換連絡線則為自上海由鐵路
與公路線伸長到杭州，再從此由鐵路、公路經南
昌而抵長沙。

3. 重轟機任務

空軍對於作戰初期則為破壞上述各節敵人之交通

線，故其任務之重要僅次於獲取局部制空之空軍
而已。

漢口附近對船塢及渡河設備施以嚴重破壞，至敷
設水雷與轟炸長江下游重要目標、長江以北較遠
之交通線之破壞，均賴重轟炸機達成之。

如有轟炸機四個大隊使用，於我極為有利，惟預
測大量之補給頗為困難，故在第一期作戰時，僅
能使用一個大隊，在以後各期中又增加到二個
（包含一個中國大隊）至三個大隊，一個重轟炸
機大隊使用成都附近基地，二個單引擎戰鬥機大
隊與一個P-38式機中隊，連同一個中型轟炸機
大隊，以梁山為基地，擔任戰鬥掩護及戰鬥轟炸
二種任務，用以擾亂和阻滯敵人沿長江及其以北
之交通線。

4. 局部制空權

空軍首要任務為在作戰區域奪取與保持制空權
（盡可能爭取優勢）。第一期作戰預測，因天候
與地形關係，我敵空軍均只能間常及有限制的接
近戰場（不能十分活躍），其他因素限制空中戰
鬥部隊之活動，故敵只能在已占領中國東海岸及
附近各島上空擔任空防，以抵抗在太平洋方面之
我軍作威脅或真正登陸襲擊。在冰人計畫以後之
各期，天候將逐漸轉好，判斷敵空軍實力已被美
國駐在太平洋基地之空軍行戰略的轟炸，及太平
洋區之劇烈空戰而削弱。

當太平洋盟軍向日本本土逼近，及向鄰近中國海

岸威脅或登陸時，判斷華南及華東南之敵空軍此
時已集中於福州以北海岸一帶。

5. 戰術上交通線之破壞

繼續需要中型轟炸機及輕轟炸機，破壞敵由漢口
沿湖及由浙贛鐵路與公路諸走廊地帶之交通線。

6. 密切協同

天候與地形許可時，經常需要陸空軍戰術上之密
切協同，在第一期尤為重要，第二期次之。預料
低空雲層惡劣視界及困難地形，將減低此種陸空
協同之力量。在第三期中，此種協同將因天候好
轉而益臻密切。

7. 末期要求

預料武漢附近敵之堅強防禦設施，似應增需中型
及輕型轟炸機，以協力重轟炸機之作戰。

丙、輔助攻擊

1. 游擊隊、別働隊、突擊隊之活動

A. 冰人計畫實施前及實施游擊及別働隊之活動
應增強，並與攻勢行動之突擊作戰保持連
繫，以協助華軍地上作戰。

B. 最初發動助攻以摧毀長衡區之敵人設備，爾
後破壞敵人補給線及進入此地區（長衡）之
重要連絡線。

C. 占領長衡線之後，當以後各期中應將此種助
攻力量集中於漢口、南昌、長沙三角地帶之
交通線，爾後再集中漢口一帶，牽制敵軍移

動及補給點之轉移，此種輔攻對陸上作戰之
利益頗大。

丁、神經戰之運用：盡可能運用神經戰以擴大此種作戰
之成果。

第七節　敵情判斷

甲、地上敵情（參看附表 A　一九四五年三月廿三日情
報科對於敵人兵力判斷）

1. 敵在湘、桂、粵、贛、鄂諸省可能使用十八個師
   團，共計二十五萬二千人；其另一師團已證實
   駐於安南北部，共有十九個師團。

   A. 四個師團任岳州－桂林以南走廊地帶之交通
   守備，此作戰計畫之初期，我即應向守備長
   衡之其中兩個師攻擊。

   B. 其他各師之部署判斷如第二圖。

2. 判斷敵人能增援於長衡區之兵力如下：

   A. 從桂林出發，第五十八師團之一部（約八千
   人），五至十日可以到達。

   B. 第六十八師團之一部（約八千人），從郴縣
   出發，五至十日可以到達。

   C. 第四十師團之一部（約八千人），從韶關出
   發，七至十四日可以到達。

3. 判斷敵尚可以獨立旅團改編成三、四個師團以增
   援長衡區，其可能抽調之方面如次：

   A. 由廣州出發，可抽調三萬人，預計二十至
   三十日可到達。

　　B. 由湘北出發，約可抽三萬人，預計十四至
　　　二十一日可到達。

4. 敵由緬甸約可抽調三個師團以守備安南，以保護
　河內增援軍之來源，但在參加戰鬥以前，需相
　當休養與整補，因之此敵於一九四五年二月一
　日以前能否參與戰鬥尚屬疑問。

5. 判斷六月一日之敵情如次：

　　A. 在其他部隊進入華中以前，無兵力可資增援
　　　於長衡方面。

　　B. 因調遣一個師團守備安南，敵之兵力將因此
　　　減弱。

　　C. 如長江以北無部隊調赴湘、贛、粵、桂各
　　　地，或將獨立旅團編成師團，則將無較大之
　　　援軍以任長衡區之增援（於冰人計畫實施攻
　　　擊時）。

乙、空中敵情

　1. 中國東南部及其鄰近地區
　　判斷敵並無利用長（沙）桂（林）走廊地帶占領
　　區之原有飛機場之企圖，蓋因空軍大量移動殊
　　非易事，依照目前敵空軍之部署判斷，其爾後
　　對於冰人計畫攻擊之抵抗，大都仍以上海、杭
　　州、南京、漢口及中國東南部為基地，以長江
　　以北、臺灣、廣州、香港、海南島及安南各地
　　為基地之敵空軍，以增援華中、華南之空軍攻
　　勢及防禦作戰。

第十四航空隊於一九四五年二月一日對敵空軍兵力之判斷如左表：

區域	戰鬥機	轟炸機	合計
滬杭	75	65	140
南京	60	15	75
臺灣	250	75	325
漢口	80	40	120
安南	128	28	156
海南島	30	20	50
廣州香港	85	15	100
長江北岸	110	48	158
總計	818	306	1,124

（安南及長江以北之數字，乃參謀處情報科所供給，十四航空隊之情報則未包含此地區。）

2. 全部空中兵力

在一九四四年，敵陸海軍之第一線飛機，在一月間約為三千四百架增至五千架，因在太平洋區及西南太平洋作戰之損失，至一九四五年一月減少至四千二百架，而敵之生產量每月二千架，其中百分之六十至七十五為戰鬥機，尚有新式及改良戰鬥飛機生產率之趨勢，惟飛行人員之素質則降低，盟軍已獲得之制空權，勢必繼續增進保持。我軍正向敵航空製造廠作戰略轟炸，一九四五年敵飛機生產量將因之減少，總之敵全部空軍實力，於一九四五年將銳減，判斷敵在華中及東南部之空軍使用將逐漸加強，最初在河內、海防、海南島、廣州、香港及漢口各地區，嗣後因太平洋作戰迫近其本土關係，乃移至南京、上海一帶。

3. 敵空軍之使用

敵在華空軍與其陸上之攻勢作戰，難期實施有效協同及支援，僅能實施微弱而片段的守勢作戰。判斷一九四五年敵將忙於以空軍守備臺灣及華東海岸，初則臺南，次則臺北；敵將以中國及臺灣為基地之飛機之一部，以支援其地上部隊，以抵抗冰人計畫中之攻勢作戰。

第八節　我軍狀況

甲、需要陸軍兵力之預計

1. 可以裝（備）訓（練）使用於作戰之華軍各師，按照下列程序以實施冰人計畫：

A. 一九四五年八月一日：九個師為主攻。

B. 一九四五年八月十五日：八個師任助攻（五師向河內，三師向南寧）。

C. 一九四五年十月十五日：八個師在長衡區準備及整訓完畢。

D. 一九四五年十一月十五日至一九四六年一月一日：十一個師連同此計畫內其他可裝訓補給之各師。

E. 一九四六年一月一日：共需三十六個師。

F. 支援部隊：可能使用之砲兵及戰車部隊一併計算，尚應如細部計畫中所要求者予以擴充。

G. 突擊部隊：在七月十五日以前需要二十個特別訓練之突擊隊備用，每隊二百人，共計四千人。

乙、可能使用之陸軍

1. 現在計畫需要裝訓中國下列各師，以備最後攻勢作戰之用：

A. 攻擊部隊

西方面軍

第二軍	訓練區	五十三軍	訓練區
第九師	芒市	榮二師	蒙自附近之芷村
七六師	芒市	一一六師	雲南驛
預二師	芒市	一三〇師	雲南驛

東方面軍

十八軍	訓練區	七四軍	訓練區
一一師	湖南桃源	五一師	湖南武岡
一八師	湖南桃源	五七師	湖南武岡
一一八師	湖南桃源	五八師	湖南武岡

中央方面軍

十三軍	訓練區	七一軍	訓練區	九四軍	訓練區
第四師	貴陽	八七師	獨山－都勻	第五師	綦江－晃縣
五四師	貴陽	八八師	獨山－都勻	四三師	綦江－晃縣
八九師	貴陽	九一師	獨山－都勻	一二一師	綦江－晃縣

預備方面軍

第五軍	訓練區	新六軍	訓練區	第八軍	訓練區
第四五師	昆明	第一四師	霑益－安順	第一師	
第九六師	昆明	新二二師	霑益－安順	一六六師	
第二百師	昆明	一六九師	霑益－安順	一〇三師	

五四軍	訓練區	七三軍	訓練區
第八師	（黔）安龍－興義 未編入各區	第十五師	現駐湖南藍田，訓區未詳
三六師	（黔）安龍－興義 未編入各區	七七師	現駐湖南藍田，訓區未詳
一九八師	（黔）安龍－興義 未編入各區	一九三師	現駐湖南藍田，訓區未詳

合計十二個軍三十六師
（約五十萬人，假定皆按編制額，於一九四五年五月一日充實完竣。）

B. 守備兵力

在滇黔湘西中國陸軍總司令部指揮之下，所有
其他部隊尚未接收各攻擊部隊之防地，應視
為爾後計畫內所定之裝訓及準備最後使用之部
隊，現有三個軍十個師列入此項部隊內。

第五二軍	駐地	第二路軍	駐地	第六十軍	駐地
第二師	文山－蒙自－箇舊	暫編二〇師	文山－蒙自－箇舊	第一八二師	文山－蒙自－箇舊
第二五師	文山－蒙自－箇舊	暫編二一師	文山－蒙自－箇舊	第一八四師	文山－蒙自－箇舊
一九五師	文山－蒙自－箇舊	暫編二二師	文山－蒙自－箇舊	暫一八師	文山－蒙自－箇舊
				第九三師	車里

2.

A. 其他列入中國戰鬥序列而未包含於三十六個
師計畫（阿爾發）內之部隊，可即刻用以實
施牽制作戰，並協力游擊部隊，爾後可用以
參加攻勢作戰。

湖北省（六戰區）	八個軍－十九個師	約十六萬人之兵力
四川及黔北	八個軍－二十個師	約十八萬人之兵力
陝晉甘及湘西各地	十八個軍－四十三個師	約三十六萬人兵力
黃河以北－平漢線以西	二十八個軍－七十二個師	兵力約五十六萬人
華東（長江以北）	七個軍－十四個師	兵力約十四萬人
華東南（廣東鐵道以西、長江以南）	十六個軍－四十五個師	兵力約三十二萬人
共計	八十五個軍－二〇八個師	兵力約一百七十萬人

B. 現在裝備缺乏，以輕兵器及彈藥為甚，部隊
輕兵器及彈藥缺乏，不能超過百分之十至

十五，因此牽制作戰之力量全賴整訓，以及取自其他戰場及敵軍裝備中之輕武器及彈藥以補充之。

C. 自鄂北及湘北方面獲得之報告，凡採用美式訓練方法之部隊均屬優良，如能充實其裝備及彈藥，可以擔任沿長江上游迄重慶江防之通路。

D. 第一、二、五、八戰區之部隊已準備防禦工事，以防止由黃河西進之敵，此種部隊僅有百分之十裝備。

E. 在華東之華軍僅能堪以增加游擊部隊之活動可能，協力現有突擊部隊之活動。

丙、所需空軍兵力之預計

1. 為破壞敵後方交通線（長江下游，包含漢口及其以北之鐵道公路交通線）及協同長江北岸陸軍之作戰，我基地之防禦及制空預計需要下列之空軍兵力，以任由成都至河套地帶（包含老河口）之空軍作戰。

美軍轟炸大隊一（如補給容易可增至二個大隊）

美單引擎戰鬥機大隊二

美中型轟炸大隊一

美 P-38 式戰鬥機中隊二

夜間戰鬥機隊一（將擴充成一個中隊）

2. 以中央區（綦江至重慶及長江上游間）為基地攻擊敵之鐵道及公路，向在漢口長衡區及空中活

動半徑以內長江下游之敵空軍及其設施，實施極
積〔積極〕防空之作戰，並準備重慶區之空防本
身基地之守備。在天候與地形許可時，與冰人計
畫內之陸軍保持戰術上之協同，應需下列空軍
兵力：

中國重轟炸大隊一

中國中型轟炸大隊一

中國戰鬥機大隊一（堪以作戰者）

中美中型轟炸大隊一

中美戰鬥機大隊二

美單引擎戰鬥機大隊一（如補給無虞可增加
P-38 式戰鬥機一個中隊）

3. 以南部（綦江以西及以南）為基地之空軍，向在
衡陽廣州區及桂林河內區之敵空軍基地及交通
線施以破壞轟炸，對華東南及越南北部之敵空
軍及其設施施以攻擊，並經本身基地之空防需
要之空軍兵力如下：

美國中型轟炸大隊一

美國單引擎戰鬥機大隊二

夜間戰鬥機隊一（將來擴充成一個中隊）

4. 在冰人計畫之初期，因敵人抵抗力量及防禦設施
之增強，將需要由北及南區之重中型轟炸中隊
及戰鬥機中隊，調遣增援在（2）項所列之空軍
部隊。

5. 空運部隊

關於中國空運問題，第十四航空隊指揮官曾申

述，除兩個空運中隊及一個武裝空運中隊外，在四月間，中國戰區空運指揮部須增加三十五架C-47式機及五月間二十五架C-47式機（一中隊武裝運輸機）。當冰人計畫第二期及後期中國中部空軍戰鬥部隊東移時，前進基地補給之需要增加，為解決此種問題起見，吾人認為全般作戰計畫應包含空運飛機之調動，即派遣所有一切可使用之C-54式飛機以代原有飛越喜馬拉雅山航線之各式飛機，運送空運指揮部由加爾各答直達中國戰區長程航線上之空運噸量（物資）。此項辦法當可使送到中國戰區供應品之總噸量增加至可觀之程度。

丁、可能使用之空軍

1. 中國戰區空軍

當冰人計畫施行時，中國戰區將包含美國十四航空隊（包含中美混合隊）、中國航空隊及美國第十航空隊之前進支隊，以上各航空隊之戰鬥部隊之種類與力量（一九四五年間空軍建立之速度，載明在附表B），此空軍足供以上第七節丙項中空軍之需要。

2. 第十四航空隊

五月十五日以前將現在印緬之二個戰鬥中隊（一個SE單引擎戰鬥機中隊、一個中型轟炸機中隊）加入，當一九四五年五月下旬，亦將由印緬戰區抽調一個C-47式武裝空運中隊（或相當數）。

3. 中國航空隊

中國航空隊於五月十五日以前將有充分作戰裝備 P-51 式戰鬥機一大隊（現為 P-40 式機），現在一部分裝備 P-40 式戰鬥機大隊，一個中型轟炸機中隊已在中國，及一個 B-24 式重轟炸大隊現在美國，即將完成訓練。

4. 第十航空隊前進支隊

預料增加空運量之後，將有充分物資運到中國以支援中國戰區作戰。中國戰區美軍總司令部之策略為：在中國戰區或由中國戰區作戰，應有兩種空軍，戰略空軍與戰術空軍。因此在印緬之美國第十航空隊將調到中國，此種調動必需逐漸完成，因須俟印緬不再需要及在中補給上無問題時，方可將第十航空隊戰鬥與地勤人員調往中國。在一支戰鬥力強勁之空軍獲得位置適宜之根據地與充分物品之供給，以攻擊敵人心臟時，中國後方之廣大地帶與相距遙遠之各前線，使得策動美國兩大隊空軍密切聯絡協同作戰為完全切實可行，而且極合需要（此處所指作戰係包括敵後方主要交通線上各處之轟炸，就戰區之觀點而言，為合乎戰略要求）；再就此種策略進一步言之，將反攻計畫初期之前或初期之中，將以十四航空隊之總司令為中國戰區美空軍總司令，在彼指揮之下，中國境內至少須指派一個單引擎戰鬥機隊，與一個中型轟炸機隊，為第十航空隊之前進支隊，受第十四航空隊司令之指揮；當作戰之

後期，駐華美國第十航空隊之戰鬥力，計增加
P-38 式戰鬥機一中隊、重轟炸機一大隊與夜晚
戰鬥機一中隊，惟增加之速率尚難確切言之。

5. 第十航空隊在中國之擴充

當冰人計畫第三期發動後，預料在緬境之敵陸空
軍必已完全消滅，對於阿薩密與緬北我方空運基
地之唯一可能之威脅，倘或有之，即係自泰國與
安南北部而來者，抵抗此種威脅最好以華南基地
之空軍為之。此時印緬一帶已無保留美國戰鬥機
隊一大隊或一部分之需要，以故如以加爾各答為
空運基地之路線一旦穩定，而喜馬拉雅山路線上
所有 C-47 式各飛機，又均已換成 C-46 式機，且
除去增加噸量所需之機數，中國戰區空軍之數量
當於此時再增第十航空隊之第二戰鬥機大隊，於
是在華美空軍戰鬥機之數目將為六大隊，惟亦視
有無相當位置之機場以為轉移耳。

6. 到相當時機，第十航空隊之建設漸覺事繁時，即
將派員為中國戰區美空軍總司令附以最低限度
之主要人員，俾使中國戰區所有空軍能通力合
作，總司令對此戰區美空軍應行使一般發布號
令之職權，至對中國空軍，則經由中國空軍總
司令並經委員長之許可與授權後，彼因協同動
作之需要應行使指揮作戰之權力。

7. 冰人計畫之貢獻

A. 如上面 8C 所述所有空軍均將與冰人計畫中
之地面部隊做適當而有效之合作，中國空軍

重轟炸機大隊與中型轟炸機隊與各戰鬥機大隊，及美國重轟炸機大隊、中型轟炸機大隊、三個戰鬥機大隊和P-38式戰鬥機隊，均將以北、中兩區為基地，除各對其本身基地防禦及參加攻勢作戰外，上列各項空軍之任務為毀滅敵人後方主要之倉庫及其他設施，極力阻止敵人前方交通線上（漢口到南昌區域）部隊與供應品之輸送，擊毀沿此線上之倉庫、敵軍，集中於司令部並於地形及氣候上許可時，與在戰線上作密切戰鬥之協同

B. 此外尚有美空軍一個中型轟炸機大隊、兩個戰鬥機大隊，除對其基地擔任防空與參加空中攻擊外，擔任華南（衡陽以南）及安南敵交通線之破壞與切斷。到作戰進入第二、第三期時，當地地形和氣候上改善，當可使空軍與前線部隊之協同作戰，獲得實在之進度與效率，彼時中戰場上之須從南北雙方以重轟炸機與中型轟炸機大隊增援，甚屬需要，惟增援之範圍自當以彼時之實際戰況為轉移，如當時此戰區之全般供應情形允許，尤其中印長程空運線穩定時，以重轟炸機一大隊P-38式戰鬥機一隊，與最後在印緬第十航空隊之一戰鬥機大隊增援此戰區，均屬可能。

8. 可能使用之飛機場

依照冰人計畫中計算所須空軍參戰之實力，現有

之機場皆不敷應用，中國東南部機場之喪失，實使此戰區內地點適宜之空軍作戰基地不夠使用。本計畫係依一九四五年五月十五日中國戰區現有正在構築與正計畫構築與修理之機場所擬訂，機場均載入第三圖，此圖表示目標間之英里距離，此圖並示我空軍作戰半徑內敵方主要機場，包括中國東南部以前之機場，此種機場之一部或全數被敵人利用。

9. 前方各空軍基地之保護

此際所必需注意者，即防禦敵寇陸地部隊之襲擊我可能使之前進機場、正構築中及已計畫即時構築之各機場，基於所得之情報判斷，倭寇之增大兵力向西進攻老河口、安康、西安各機場極有可能。此區域中現有適用之各機場，對於戰鬥機與中型轟炸機向北戰場進攻，具有極端重要性。在本作戰計畫中，漢口以北敵軍鐵道、公路交通線之切斷尤為重要，欲達此項切斷交通之目的，上述我方感受威脅之機場區域極為重要，故應採取一切切實行動，以確保此類機場。

10. 航空工兵之需要

為加速建築跑道與修理前方收復機場，及使所擬建築之各新機場之及時完成，並為中國戰區現有及新建各機場之獲得充分而經濟之保養起見，預料此區尚需增加兩個美國航空工兵營，其一在三十日內，第二個在三十四年六月一日備用，此種工兵營印緬戰區有之，或能派遣來華。

第九節　指揮與連絡（參看附件三）

甲、概論

委員長與中國戰區美軍總司令會同策定全般方針與策略，其指揮系統雖中美分開，應有顧問性質之一中美聯合參謀處、中國戰區美軍總司令部與太平洋區與（或）西南太平洋區保持聯絡。

乙、陸上

1. 中國陸軍總司令經由優秀參謀人員之協助，遵照委員長與中國戰區美軍總司令雙方同意所訂之策略，統率中國軍隊。

2. 中國作戰指揮部美國總司令及其美國參謀人員，為中國戰區美軍總司令之私人代表，應直接協助中國陸軍總司令本計畫作戰準備，並指導此計畫之實施。

3. 指派中國作戰指揮部之美國軍官為參謀，協助與指導中國軍隊直至師司令部；美國作戰指揮部應與中國作戰部隊及後勤部隊保持連絡。

丙、空軍

起初，第十四航空隊指揮官受中國戰區美軍總司令之命，指揮所有美國空軍及中美混合航空隊，因彼為中國空軍之參謀長，應與其他中國戰區之空軍配合作戰，彼應與中國作戰指揮部總司令及後勤指揮部總司令保持連繫，在適當時期因第十航空隊已經建立，須成立一中國戰區美國陸軍航空總司令部。中國戰區美國陸軍航空總

司令部在中國戰區關於所有空中作戰應與有關地上戰鬥部隊與後勤部隊保持連繫，委員長授權中國空軍總司令使中國空軍作戰能協同動作。

丁、勤務

1. 美國後勤總司令負補給與運輸之責，遵照中國戰區美國總司令之策略，協助此作戰計畫之實施，並與中國作戰指揮部總司令及第十四航空隊指揮官協同。

2. 美國後勤總司令應直接協助與指導中國後勤總司令。

3. 美國後勤總司令與十四航空隊指揮官（嗣後將成為中國戰區美軍陸軍航空總司令）協同辦理各地面部隊補給之輸送與分配，中國作戰指揮部總司令會同第十四航空隊司令官設立補給站。

第十節　補給與後送

甲、戰術上之商榷

1. 我軍

預擬攻擊開始時期開列於下：

第一期　攻擊開始日期一九四五年八月十五日

第二期　開始日期九月十五日

第三期　攻擊開始日期十二月一日

乙、後勤及其他因素（參看附件五之各表）

1. 裝備之補充

A. 各單位所需噸重－參看第一表

B. 一九四五年八月十五日可使用之中國戰區陸軍總司令部之裝備（參看第二表）

C. 可能使用之裝備與補給

1. 如某種動作立即開始，將使用之美械中國部隊之初期裝備，可於短期內在印度取得之所需各品種數量之情形，前經分別開列其必須之步驟或行動，亦經詳細列明。

2. 所須補給簡略包含下列各項：

A. 申請即刻分配所有已經許可之初期裝備。

B. 要求優先水運所選定之各項物品。

C. 尚未經許可之各項物，申請美軍部先予供給。

3. 下列步驟已經進行：

A. 印緬已經申請，而美軍部亦已表示願意盡量允許在一九四五年上半年水運中國部隊之初期裝備到印度之請求。

B. 在三、四兩月允許空運小口徑槍砲與迫擊砲，總重一千二百噸。

C. 優先水運某數種物品，如小槍砲彈藥及車輛。

D. 已著手進行申請美軍部允許增加以前未經許可而現在實在需要之各項物資。

D. 可能供給之物資開列於下：

　　1. 第一類（按照實有人數發給之糧秣等）
　　　大約三分之一軍糧可由美方從印度供給，
　　　其餘軍糧及馬乾應在中國採取。

　　2. 第二類（照編制裝備基本裝備補充毀壞之物
　　　品等）
　　　所有照編制裝備均經許可並運到印度，其
　　　他各項中國自行供應。

　　3. 第三類（車輛所用之油及其他燃料）
　　　車輛所需之油將從印緬供給，在中國境內
　　　每月可得一百萬加侖（三千噸），酒精、
　　　柴火即當地採用。

　　4. 第四類（特別作戰裝備）
　　　可由印度取用。

　　5. 第五類（彈藥）
　　　除中國自己能供給外，其餘均由印取用。

E. 已經採取必要步驟使上列各項物品供應無缺。

2. 後送－參看第三表（估計醫藥數量）

A. 下列各問題僅與中國有關

　　1. 人員馬匹傷亡之估計

　　2. 戰利品

　　3. 戰俘

3. 運輸

A. 空運

　　1. 喜馬拉雅山之線－參看第四表（所需要及
　　　能供給之噸量）

　　　2. 中國內部－參看第五表

　　B. 車輛運輸－參看第五表

　4. 勤務與人員

　　A. 參看第四表所載現在印度準備開來中國之部
　　　隊及其預計到達日期，推測此種部隊將仍留
　　　印度或駐準備出發地點，直到情形安靜時方
　　　始開拔。

　　B. 工兵（附件四）

　　C. 醫藥（第三、第四表）

　　D. 化學部隊（第七表）

　　E. 軍械（第四、第八表）

　　F. 空軍（第九表）

　　G. 獸醫人員（第四表）

　　H. 後勤人員（第四表）

　　I. 後勤摘要（第六表）

丙、美國對補給之協助

　1. 美國後勤部隊之支援作戰為數必少，因為在其他
　　方面戰爭展開時，一九四五年秋季以前將無多
　　部隊到達中國，故須盡量利用中國所有人員設
　　施等，以補救美國人員之缺乏。

第十一節　交通線（交通線細部情形及工兵計畫參看附件四）

甲、A 線

　　昆明、貴陽、馬場坪、芷江、邵陽、長沙，全長

一、〇六九哩。

其他邵陽至衡陽九八哩。

1. 此線全長一、〇六九哩，經過地形時而起伏地，時而山地，無論何種天候均能通過。在長沙—邵陽以東十九哩之支路之間據報已經破壞，工兵計畫將此路改善，俾其運輸量增至每日行駛二五〇輛車或六二五噸，沿線有四處需架設橋樑或渡船。

2. 此條路線在戰況許可時將改善和保管到貴陽以東。

乙、B 線

芷江、沅陵、常德、長沙，全長三三〇哩（參看第五圖）。

1. 此線全長三三〇哩，大都為困難之山地，據報以東一哩之地至長沙一段已經破壞，工兵計畫改善使其每日能通行駛汽車二五〇輛或六二五噸。

2. 此線有兩處需架橋或設渡船。

丙、C 線

長沙、岳陽、武昌，全長二九四哩（參看第五圖）。

1. 此線全長二九四哩，沿洞庭湖東岸經平坦之產稻平原，並渡過若干小河流以達武昌。

2. 據報敵人利用此線最多，工兵計畫為增加其運輸量每日行駛二五〇輛或六二五噸。

3. 一條標準寬單軌鐵道由長沙經岳州至武昌，全長

二七五哩。

據報此線敵人利用最多。

丁、D 線

長沙、平江、武昌，全長二五三哩（參看第五圖）。

此線長二五三哩，大部經過平原而至起伏地，在平江以北及湘鄂邊境經過小段山地，長（沙）平（江）段已經破壞，工兵計畫改善以使每日行駛二五〇輛車或六二五噸。

戊、E 線

長沙、平江、皂市、陽新、武昌，全長三九一哩（參看第五圖）。

1. 此線長三九一哩，大部經過平坦及起伏地，由長沙經平江、皂市到陽新之段已經破壞，工兵計畫改善每日行駛二五〇輛車或六二五噸。

己、F 線

長沙、高安、南昌，全長二一五哩（參看第五圖）。

1. 此線長二一五哩，大部經過山地，工兵計畫準備每日行駛二五〇輛車或六二五噸。

2. 鐵道：長沙、湘潭至南昌，全長二六五哩。

此路仍在敵控制中。

庚、G 線

衡陽、耒陽、吉安，全長二四五哩（參看第五圖）。

此路在敵控制下，大部經過山地，工兵計畫為每日行駛二五〇輛車或六二五噸。

辛、H線

昆明、路南、陸良、師宗、安龍、百色、南寧，全長六二七哩（參看第五圖）。

此路長六二七哩，大都經過起伏地，此線有少數橋樑尚未完成，此線有三處須架橋或設渡場，工兵計畫為每日二五〇輛車行駛或六二五噸。

壬、I線

昆明、蒙自、老街、河內，全長五三四哩（參看第五圖）。

1. 此線全長五三四哩，由蒙自至老街只能通過驟馬，因缺乏公路，故此兩點間之運輸多賴鐵路與河川，工兵計畫為每日二五〇輛車六二五噸。

2. I線應在八月十五日擬訂攻擊日期以前盡量改善，以便能與冰人計畫配合。

第十二節　地形與天候

甲、地形

1. 河流

在此區域內有三大河流，長江與湘江向北及東流，在岳州附近流入洞庭湖，長江從岳州繼續向東及北流而入於海。第三大河為西江，西江在香港附近入於海，其支流收集昆明、桂林間

二十六緯度以南地之雨水以入西江。

2. 山脈

　　此地區缺乏有系統之山脈，由起伏地而至山地
道路有攀登七、八千呎者，此高度地形，冬季
冰雪將限制作戰軍之活動。低小山脈大部為東
北向，多數地層為石灰岩與油頁岩。

3. 此作戰地帶之地形為小崗阜與山地，僅洞庭湖周
圍、長沙、常德附近之山谷較為寬闊，大都為
不毛之地或僅小叢林。因地形不平，故道路甚
少，且多彎曲及坡度甚大。

4. 此作戰地域幾乎各處皆為理想防禦地形，高低不
平之地形大都只有驟馬道或小徑。故觀察與交
通對於防禦較為簡單，防禦部隊能得局部隱蔽
及安全，但射界大都不良。長、衡、常德一帶
均為稻田，裝甲部隊之活動只限於道路陰蔽之
地域，對於防禦裝甲部隊甚為有利。

5. 重要地形

　　因道路甚少，故所有交通路線均極重要。綦江
至邵陽一帶之走廊地帶最有利於攻擊，因如攻
擊成功，沿此線前進則有良好機會向南北兩側
擴張戰果，可向兩方面開闢其他補給線，並可
由邵陽南進占領零陵區之重要飛機場。此區之
地形較為平坦且不適於防禦，故容易占領。

6. 地形對於戰術之影響

　　A. 山砲（駄載榴彈砲）、迫擊砲及火焰噴射器
在此期作戰特別有效。

B. 使用機器修築道路雖極重要，惟以運輸困
難、機器供給不易及機匠缺乏，尚難實施。
構築道路將由中國工兵使用制式手工工具修
築，再徵集當地民工協助之。

C. 射界受地形之限制，應充分使用輕兵器、自
動武器及迫擊砲。

D. 敵裝甲部隊反攻之可能性甚少，縱有亦只限
於一定之區域內。

E. 到長沙與衡陽交通路線之比較，A 線經過邵
陽極為重要。

F. 交通路線缺乏，須充分利用水道與空運。前方
之飛機場在占領後，使用美國航空工兵營即
時收復之。

乙、天候

1. 季候風之影響－五月十五日至九月十五日

A. 在此作戰時期河水甚高漲，河幅加寬、河水
漲深，應準備較多之架橋與渡河材料。

B. 道路將到最壞情形，必須特別注意保養與維
持，工兵器材表內包含輕便碎石機。

C. 當氣〔季〕候風時期，在此作戰區域內瘧疾甚
為流行，通令中國部隊須準備特別預防方法。

D. 當此耕種時期，可使用之當地民工將感缺乏。

第十三節　總論

甲、優點

茲將本計畫之主要優點總述於下：

1. 收回洞庭湖附近之重要產米區，內約占全湖南所產米百分之二十三。

2. 可以提早及有效的利用由空運及道路內運中國戰區之物資，因油管完成，預料物資內流亦將增多。

3. 攻擊敵人最薄弱處，敵由華中、華北之交通線均聚合於此，由此再分向華南及安南之敵軍及其設施，於是在我戰區空軍活動半徑以內，且暴露於我游擊隊襲擊之下。

4. 進攻時間正敵人忙於增援沿中國中部及東南海岸一帶之敵地上及空中之防禦，敵將極感困難以抽調遣部隊及補給品到達戰場。

5. 需要最少地上部隊之調動，由訓練地點到作戰地區。

6. 切斷敵人與安南在陸地上之主要交通線，當此時此線為敵補給與後送在越、泰及以南地區主要交通線，敵繼續控制華南力量將因之而大減。

7. 為中國陸軍大部可參加此大規模之攻勢，華軍士氣與民氣將因之提高。

8. 當此太平洋北部作戰進入重要階級〔段〕，此種攻勢可牽制中國中南部之敵軍，對於太平洋區盟軍之主攻有莫大之利益。

9. 占領地區以擴張盟軍現有及潛伏之基地，於是上

海附近與臺灣之重要敵軍設施，及沿中國東南
海岸之海港，將均在我戰鬥機及中型轟炸機活
動半徑以內矣。

乙、劣點

1. 與太平洋盟軍主攻同時進行，攻擊開始時期僅
   有十五至十八個裝訓完好之中國師。
2. 在全般作戰中地形均屬困難，以初期為甚，對
   於防禦極為有利。
3. 交通線甚少並受限制，應就陸上交通線盡量採
   用各種補給方法，以運輸工具缺乏關係，不許
   可大規模空運以補給前方部隊。
4. 作戰初期天候最為惡劣，作戰區內地形崎嶇，
   低雲層視界不良，在全般作戰時間，局部空中
   戰鬥大受限制，在作戰初期空軍之密切之戰術
   協同效果甚微。
5. 從昆明區到華中南部之地面交線線運輸量有
   限，空運需要增加，惟此時正值所有運輸機正
   忙於由印度內運補給品與器材。

丙、實施程度之可能性

權衡我軍實力，估計敵軍困難，此項計畫尚屬可
行，其最困難問題則為輸入充分補給品到中國戰區
與分配至各陸軍部隊，盡量發展通印空運、公路、
油管諸路線，並設立已經計畫之加爾各答－中國戰
區空運指揮部運輸線，預計所有可能輸入中國戰區

之物資尚能敷用，在戰區內運用所有之補給工具－
汽車、河流、騾馬、人力等，則補給分配困難可望
克服。

丁、時間因素

判斷歐戰早日結束，太平洋區、西南太平洋區盟軍
作戰迅速進展，在中國再以攻勢與守勢作戰，敵
人重新部署之可能日期，敵軍由印度東北部及馬來
半島經河內、南寧走廊退卻企圖。基於上述各點，
冰人計畫應於最短可能時期發動，至遲不能在六月
十五日以後，預料將有訓練完好之十五到十八個中
國師可資使用，此種師到一九四五年六月一日時
可作有效攻勢戰鬥，故本計畫之預擬攻擊日期為
一九四五年六月一日。

第十四節　結論

基於上述各點可作結論於下：

甲、本計畫之優點多於劣點。

乙、本計畫尚屬可行，使重新裝備與訓練之中國陸軍與
　　中國戰區之空軍協同作最適當而有效之攻擊。

丙、冰人計畫發動適宜時期為一九四五年六月一日。

第十五節　建議事項

建議事項如下：

甲、本計畫呈請委員長核定。

乙、如蒙委員長核准，抄送美國各部隊參謀長、太平洋

區總司令、西南太平洋區總司令及印緬戰區總司令
以供參考，並分發中國各軍事長、中國作戰指揮部
總司令、中國空軍總司令及第十四航空隊司令官以
便遵從本計畫大綱，與中國戰區美國後勤總司令及
中國後勤總司令協同，各方策定細部陸軍、空軍作
戰計畫。

丙、當策定細部作戰及補給計畫時，應呈請委員長核
定，用適當手段以促全部計畫之完成。

附件一　情報科對於敵軍兵力及性能之判斷

參謀處第二科關於為對抗一九四五、六、一盟軍在昆
明－貴陽區域發動攻勢敵兵力之判斷

A. 現時敵軍兵力之分布

（1）兵力（湖南－江西－廣西－廣東區）

（A）陸軍

1. 十三個師（番號第三、十三、廿二、廿
七、卅四、卅七、卅九、四十、五十八、
六十四、六十八、一〇四、一一六）

2. 兩個獨立混成旅（番號第十七、廿二）

3. 六個獨立步兵旅（第五、七、八、十一、
十二、十三）

4. 裝甲部隊（番號第六戰車旅、第三獨立戰
車團）

全部裝備－一七‧五師

全部兵力－二五二、五〇〇人

（2）分布

（A）陸軍

1.防守洞庭湖及零陵以西之線者

四個師	第卅九師	宜昌迄常德地區
	第六十四師	長沙迄益陽地區
	第四十師	後港迄宜昌地區
	第一一六師	寶慶迄湘鄉地區
一個獨立戰車團	第三團	衡陽區

2.防守桂林迄越南國境以西之線者

五個師	第五十八師	桂林區
	第三十四師	全縣區（向南移動中）
	第十三師	宜山－河池區
	第三師	南寧區
	第三十七師	老開－諒山區
一個戰車旅	第六旅	柳州－遷江區

3.守備區

兩個師	第廿七師	贛縣－曲江區
	第六十八師	郴縣－曲江區
兩個獨立混成旅	第十七旅	岳州區
	第廿二旅	廣州區
六個獨立步兵旅	第五旅	沙市區
	第八旅	惠陽區
	第七旅	南昌區
	第十一旅	應山區
	第十二旅	武昌區
	第十三旅	梧州區

B. 一九四五、六、一五可能增援部隊之判斷

(1) 陸軍

(A) 一個步兵師、一個裝甲師，自鄲城－許昌區。

(B) 一個（可能兩個）師，自黃河以北。

(C) 一個（可能兩個）師，自關外。

(D) 三個師（加強），自日本。

(E) 二至三個師，由現有獨立混成及步兵旅編組成師。

(F) 時間與空間之計算（由現駐地開往長沙－衡陽區時間之判斷）：

1. 來自鄲城區之師－一至二週。

2. 來自黃河以北之師－三至五週。

3. 來自關外之師－一師六至八週，一師八至十三週。

4. 來自日本之師－一師六至九週，三師八至十三週。

5. 各旅編成之師－華南部隊－四至六週；華中部隊－二至四週。

C. 補充

(1) 陸軍

敵之補充可保持現有兵力

D. 敵兵力轉移之判斷

(1) 使用該地區內之兵力對盟軍攻勢之防禦：

(A) 對盟軍由昆明經貴陽、芷江進攻之防禦

1. 敵人將企圖使用在該區內之第六十四、

　　一一六兩師及第三戰車團以行防禦，於此
　　情況下敵人可能企圖保持長沙－衡陽區之
　　防禦配備，可能使用之全部兵力－三萬
　　三千五百人。

2. 敵人可自以下各地區抽調部隊增援：

　　A. 在後港之第四十師，兵力約八千人。

　　B. 在桂林之第五十八師，兵力約八千人。

　　C. 在郴縣－曲江區之第六十八師，該師係
　　　守備部隊，似無抽調參與作戰之可能，
　　　兵力約八千人。

　　D. 時間與空間之計算：

　　　第四十師，七至十四天。

　　　第五十八師，五至十天。

　　　第六十八師，五至十天。

（2）由其他地區抽調部隊向長沙－衡陽區增援

　（A）除長沙－衡陽區之兩師及一獨立戰車團
　　　外，則有十一個師、兩個獨立混成旅、六
　　　個獨立步兵旅及一個戰車旅駐在湘鄂粵桂
　　　贛區，所有各旅及九個師須守備其占領
　　　區，於此可抽調兩師移供其他地區使用。
　　　現時日寇更需抽調一師以防守越南占領
　　　區，只餘一師可供轉移使用，可能即駐在
　　　全縣現正南移之第三十四師全部兵力（戰
　　　鬥）－－一五、○○○。時間與空間之計
　　　算：移至衡陽區，須時八至十六日。

　（B）如各混成及步兵獨立旅改編為師時，則

可得二至三師以增援長沙－衡陽區，全部
兵力約三萬－四萬五千人。時間與空間之
計算（假定師之位置與各獨立旅現時位置
相同），則自鄂南湘北區須十四至廿一
日，自港粵區須二十至三十日。

（C）由緬甸撤向越南之日寇，亦必成為防守盟
軍反攻河內之援軍。現時所得未證實之報
告，謂寇軍三師由緬甸開往越南，既使該
部最近期內由緬抵越，亦需休息與裝備補
充以便參戰。由時間與空間上計算，則該
部是否能於本年六月一日參與戰鬥，殊成
疑案。

E. 結語：

（1）除非另有部隊抽調，約僅有一師可供增援
衡陽－長沙區。

（2）敵寇除於防守盟軍對越南之攻勢外，或可
由越抽調一師增援湘桂區。

（3）於盟軍攻勢自昆明指向衡陽－長沙區期
間，敵軍將以該地區現有部隊防守，而以
近接鄰區之部隊增援。

（4）除另抽調部隊增援湘鄂粵桂贛區，或就現
有各旅改編成師外，則無強大部隊可資由
湘鄂粵桂贛區內之任一地域內向衡陽－長
沙區增援。

附件二　一九四五年計畫中國戰區空軍戰鬥部隊

一九四五年之中國戰區空軍戰鬥部隊

空軍部別	單位之數量及類別	飛機之數量及類別	時期
第十四航空隊	一重轟炸大隊	48 B-24	現時
	一中轟炸大隊（欠一中隊）	48 B-25	現時
	四（單引擎）驅逐大隊（欠一中隊）	225 P-51 50 P-47	現時
	一（雙引擎）驅逐隊	25 P-38	現時
	一偵察隊	25 P-51	現時
	一 1/2 夜間驅逐隊	18 P-61	現時
	一中轟炸隊	16 B-25	五、十五
	一驅逐隊	25 P-47	五、十五
中美混合隊	一中轟炸大隊	48 B-25	現時
	一驅逐大隊	48 P-51 48 P-40	＊由五、十五改為 48 P-51
中國空軍	一中轟炸隊	12 B-25	現時
	一驅逐大隊	50 P-40	＊＊五月十五改為 48 P-51
	一驅逐大隊（一部負戰鬥任務）	40 P-40	五月十五改為 48 P-51
	一重轟炸大隊	30 B-24	五、十五
前進梯隊	一（雙引擎）驅逐大隊	75 P-38	五、十五
第十航空隊	一中轟炸大隊	64 P-25	五、十五
	1/2 夜間驅逐隊	6 P-61	五、十五
	一（雙引擎）驅逐中隊	25 P-38	五、十五
	一重轟炸大隊	48 B-24	＊＊＊九、十五
	一（單引擎）驅逐大隊	75 P-47	＊＊＊九、十五
	一偵察隊	25 P-51	＊＊＊九、十五

＊＊＊依已開闢之加爾各答至中國之航運線，或另增加中國戰場之全部補給。

附件三　指揮系統表

指揮系統表（參看附圖）

附件四　交通線之詳細説明

交通線概況

A 線

　　昆明－貴陽－馬場坪－芷江－邵陽－長沙

　　全程　一〇六九英哩

　　A 線之叉路：邵陽至衡陽，哩程九十六哩

　　　第一段　昆明至貴陽，哩程四〇六哩

　　　　　　　雙行路，雨天可以行駛

　　　　　　　橋樑載重量十噸

　　　　　　　最大坡度：百分之十九（短距離）

　　　　　　　美方汽車不斷往返行駛該段

　　　第二段　貴陽至馬場坪，哩程九十哩

　　　　　　　雙行路，雨天可以行駛

　　　　　　　橋樑載重量十噸

　　　　　　　路面極不平坦

　　　第三段　馬場坪至芷江，哩程三〇九哩

　　　　　　　單行路，雨天可以行駛

　　　　　　　最大坡度：百分之十二

　　　　　　　最小曲半徑－十五呎

　　　　　　　橋樑載重量五噸

　　　第四段　芷江至邵陽以東十九哩之渡口，哩程二〇
　　　　　　　七哩

　　　　　　　單行路，雨天可以行駛

　　　　　　　最大坡度：百分之十

　　　　　　　橋樑載重量五噸

　　　　　　　芷江至邵陽東十九哩有渡口二

渝樹灣以東三三·四哩之渡口

過渡效率廿四小時可渡四十八載重車，

高水位，河幅一八〇〇呎

設置四纜滑渡需時十二日

邵陽渡口

過渡效率二十四小時可渡二十四載重

車，高水位，河幅一五〇〇呎

設置四纜滑渡需時十二日

第五段　邵陽東十九哩渡口至長沙，哩程一五七哩

道路據報已破壞，期間渡口有二

　　湘潭渡口高水位，河二〇〇〇呎

　　設置五纜滑渡需時十五日

第六段　邵陽至衡陽，哩程九十八哩

該路在敵人手中，情況不明

B 線

芷江－沅陵－常德－長沙

全程　三三〇哩

第一段　芷江至沅陵，哩程九十一哩，情況不明

第二段　沅陵至常德，哩程一三三哩，據報已經掘

壕破壞

第三段　常德至長沙，哩程一一六哩，據報已破壞

　　益陽渡口，高水位，河幅一〇〇〇呎

　　設置三纜滑渡需時九日

　　長沙渡口，高水位，河幅二〇〇〇呎

　　設置五纜滑渡需時十五日

C 線

　　長沙－岳州－武昌

　　全程　　二九四哩

　　該段道路敵人充分使用

　　鐵路由長沙經岳州至武昌，全程二七五哩

　　標準

　　寬度

　　單軌八十五磅鐵軌在敵手

D 線

　　長沙－萍鄉－武昌

　　全程　　二五三哩

　　　第一段　　長沙至萍鄉，七十五哩已破壞

　　　第二段　　萍鄉至武昌，一八〇哩，敵人使用

E 線

　　長沙－平江－箬溪－陽新－武昌

　　　第一段　　長沙－平江－箬溪－陽新，二九五哩

　　　第二段　　陽新－武昌，九十六哩

F 線

　　長沙－高安（瑞州）－南昌

　　全程　　二一五哩

　　該路在敵手，情況不明

　　鐵路：長沙經湘潭至南昌，全程二六五哩

　　標準寬度單軌

　　該路在敵手，情況不明

G 線

　　衡陽－耒陽－吉安

全長　二四五哩

此路現在敵手，情形與運輸量不詳

H 線

昆明－陸南－路良－師宗－安龍－百色－南寧

全長　六二七哩

第一段　昆明經陸良至宗師，全長一一二哩

單行路，用泥漿石塊搗成之路面

最大坡度百分之六

排水不良

陸良至師宗一段，軍車通過不安全

第二段　師宗、興義到安龍，長一六二哩

中國政府曾請修理此路

一又二分之一行路，用泥漿石塊搗成路面

最大斜坡百分之一一

最大曲線半徑二八呎

載重量：七噸

第三段　安龍八渡、百色到南寧，全長三五三哩。

中國政府已允許於一九四五、一、一〇，

將由安龍至思林修復完畢

雙行路，泥漿石塊路面

最大斜坡百分十二（短距離）

最大曲半徑三十呎

木橋載重量四‧五噸

渡河點進紅水河、安龍之南八六哩

一隻渡船載一輛 6×6 卡車

低水位河幅三百呎，兩岸岩石

高水位河幅四百呎，兩岸岩石

低水位流速每小時二‧五哩

低水位渡河往返三十分鐘

高水位流速每小時九哩

高水位渡河往返四小時

估計須四百呎浮橋

渡口在百色、安龍之南一八二哩

低水河寬一五〇呎，深十二呎

低水位每小時流速為一哩

低水位時往返渡河一次需要十五分鐘時間

高水位時河寬三百呎，深二十呎

高水位每小時水流速度為二哩

高水位往返渡河一次需三十分鐘

五隻渡船據說裝載量為 6×6 之卡車一輛

估計需要三百呎之浮橋

渡口在百色之南二六哩處

一隻渡船的效力能載 6×6 之卡車一輛

低水位寬 115 呎，深 5 呎

低水位往返渡河一次需十五分鐘

高水位時河寬為 200 呎，深為 13 呎

高水位每小時水流速度為 3 哩

高水位往返渡河一次需 40 分鐘

估計需要 200 呎之浮橋

渡口在百色東南 98 哩

又渡船用鐵索繫住再繫著木板與渡船，可
在低水位橫渡

　　　　低水位寬 80 呎

　　　　高水寬 125 呎（ 5 呎深）

　　　　高水位往返過河一次需時十五分

　　　　用二條鐵索操縱之渡船，設備時間六天

　　　　最近消息百色東南 70 哩處路已破壞，損
　　　　失情形不詳

I 線

　　路線　昆明－蒙自－老街－河內

　　全長　534 哩

　　　第一段　昆明、路南、蒙自，長205 里

　　　　　　雙行路，用土泥搗成之路面

　　　　　　最大坡度百分之十

　　　　　　載重量十噸

　　　　　　渡口一將一九四五、三、一構築新橋

　　　第二段　蒙自、老街，長八九哩

　　　　　　在原有鐵道路基上構築公路、騾馬路，連
　　　　　　接紅河、蒙自

　　　　　　蒙自、蠻耗八小時

　　　　　　雞街、屏邊十二小時

　　　　　　蒙自、屏邊八小時

　　　第三段　老街、河內，長二四〇哩

　　　　　　雙行路，瀝青泥土路面

　　鐵路：

　　　第一段　雲安－安南鐵道，昆明、蒙自，長
　　　　　　一二四哩
　　　　　　一公呎寬

　　　　　　運輸每月五至七千噸

　　第二段　蒙自老街，長八九哩

　　　　　　需要於已破壞之鐵道路基上修築公路

　　第三段　老街河內，長二四〇哩

　　　　　　一公尺寬

　　　　　　每月運輸量五至七千噸

　水道－紅河

　　第一段　標海－安沛

　　　　　　可行二十噸船隻

　　第二段　安沛－河內，長一二〇哩

　　　　　　可行一百噸船隻

附件四之附件　工兵計畫

甲、任務

　　所有盟軍工兵部隊之任務為協助攻擊與占領既定之
　　目標。

乙、職責

　　1. 工兵部隊為便利我軍行動起見，應改進和修理公
　　　路、鐵道、機場以及架設橋樑、敷設水管、建
　　　築渡口、排除障礙，以策側背安全。

　　2. 工兵部隊應實施破壞、設置障礙，增進其他兵種
　　　之戰鬥能力，供應技術上之援助工具，工事構築
　　　督導與在必要時加入戰鬥，以阻礙敵軍之活動。

　　3. 工兵部隊為謀我軍舒適和福利起見，應準備特種
　　　掩蔽部及各種臨時設備。

丙、細部計畫：

1. 所需之工兵

（A）每甲種師酌屬一個美國訓練之工兵營，再加三個軍屬工兵營，共卅九個營。

（B）一個美航空工兵營及全副裝備，配屬第十四航空隊，以修復及保持占領之敵機場。

（C）一個工兵輕架橋連（美國）及全副裝備，以訓練中國工兵及檢查橋樑、設備、碼頭、渡口等。

（D）一個戰鬥工兵營（美國）及全副裝備，以訓練中國工兵及檢查橋樑、設備。

2. 工兵業務：各師內之中國工兵營擔負修理及保養道路、設置簡單渡河設備、堡壘掩體及爆破等，並設置障礙物及破壞排除障礙物，構置偽裝及緊急設備，供給地圖且於必要時負擔戰鬥任務。

（A）A線昆明－貴陽－馬場－芷江－邵陽－長沙
工兵部隊張設二三、○○○呎長之鋼絲纜以操渡駁船（三節），並構築浮橋或半永久橋樑以代替前述補助渡河法，其檢查則由美方戰鬥工兵營人員行之。

（B）B線芷江－沅陵－常德－長沙
工兵部隊張設一三、○○○呎之纜繩以操渡駁船（二節），並架設浮橋或半永久橋樑以代替前述補助渡河法，其檢查由美方戰鬥工兵營人員行之。

工兵部隊須檢查道路構築工作，寬莊東至長
沙間道路已經破壞，須構築橋樑修補路面，
以延伸交通線。

（C）C線長沙－岳州－武昌

工兵部隊須檢查修整道路，並實施特別建築
工程，以延伸交通線。

（D）D線長沙－平江－武昌

工兵部隊檢查修補長沙至平江間破壞之道
路，構築橋樑及實施特別修理工程，以延伸
交通線。

（E）E線長沙－平江－箬溪－陽新－武昌

工兵部隊檢查道路修理工程長沙至陽新（已
經破壞），構築橋樑及施行特別修理工程，
以延伸交通線。

（F）F線長沙－高安－南昌

工兵部隊檢查道路修理工程，準備建設橋
樑，設置浮橋或纜繩補助渡河設備，實施特
別修理工程，以延展交通線。

（G）G線衡陽－耒陽－吉安

工兵部隊檢查道路修理工程，預備修建橋
樑，架設浮橋或張設纜繩使用駁船滑渡，並
實施特別修理工程，以延展交通線。

（H）H線昆明－路南－陸良－師宗－安龍－百色

工兵部隊須建設九〇〇呎之浮橋（三節
舟），並準備以半永久橋樑代替浮橋，並檢
視道路建築工程。百色東南七十哩以迄南寧

已經破壞，橋樑及修整工程極為必要。

（I） I 線昆明－蒙自－老開－河內

工兵部隊須檢視道路修整工程，蒙自迄老開
（舊鐵路路基）須建築橋樑過渡等。

（三）特種裝備與補給	A 線第一路	B 線第二路	C 線第三路
全份鋼轍橋附橡皮舟及附屬裝備（呎）			
3/4 吋中徑鐵索 6×9（呎）	23,000	13,000	
5/8 中徑鐵索 6×9（呎）	2,600	1,000	
丙種混和炸藥（噸）	120	75	5
信管（十二呎電纜）（個）	14,000	8,000	500
雷管（個）	9,000	6,000	300
五百呎雙頭導電線（捲）	40	40	20
導火索（呎）	50,000	30,000	5,000
爆發導火索（呎）	10,000	6,000	500
雷管鉗具	40	40	20
空氣壓炸器	3	3	1
碎石機（每小吋七立方碼）	50	30	5
十發電器點火機	40	40	5

（三）特種裝備與補給	D 線第四路	E 線第五路	F 線第六路
全份鋼轍橋附橡皮舟及附屬裝備（呎）			
3/4 吋中徑鐵索 6×9（呎）			
5/8 中徑鐵索 6×9（呎）			
丙種混和炸藥（噸）	10	20	20
信管（十二呎電纜）（個）	1,000	2,000	2,000
雷管（個）	700	1,200	1,200
五百呎雙頭導電線（捲）	20	20	20
導火索（呎）	10,000	10,000	10,000
爆發導火索（呎）	1,000	1,500	1,500
雷管鉗具	20	20	20
空氣壓炸器	1	1	1
碎石機（每小吋七立方碼）	5	5	30
十發電器點火機	5	5	5

（三）特種裝備與補給	G 線第七路	H 線第八路	I 線第九路
全份鋼軌橋附橡皮舟及附屬裝備（呎）		900	
3/4 吋中徑鐵索 6×9（呎）			
5/8 中徑鐵索 6×9（呎）			
丙種混和炸藥（噸）	40	100	120
信管（十二呎電纜）（個）	3,000	12,000	15,000
雷管（個）	1,800	9,000	10,000
五百呎雙頭導電線（捲）	20	40	40
導火索（呎）	15,000	50,000	50,000
爆發導火索（呎）	2,000	9,000	10,000
雷管鉗具	20	40	40
空氣壓炸器	1	4	4
碎石機（每小吋七立方碼）	30	40	50
十發電器點火機	10	40	50

丁、補給來源

　　印緬戰區所有美軍人員器材及特種裝備均可使用之，或另向美政府請求補給。

戊、人員之處置

　（1）在緬甸之航空工兵營（空運）人數八百七十九人，在作戰前十五日即須帶全副裝備達到中國。

　（2）派在列多－密支那之地帶有五個工兵輕架橋連，其中一連配有齊全之器材裝備，須盡可能提早抵達中國，擔任訓練中國工兵三個營，俾能擔任架橋渡河及其他工作。

　（3）中國現有訓練最優良之工兵三個營可挑選作特種訓練，以任軍之架橋及渡河工作，訓練工作應即日開始，至本年五月一日止。

　（4）其他三十六個師內之工兵營依現有編制改進充實，其所需之一切裝備，由本年二月一日

　　起，即受以三個月之加緊訓練，訓練重點以
　　修築道路、架橋渡河、實擊戰鬥火焰放射器
　　之使用等。

己、補給之處置

　　中國戰區美軍工兵指揮官對於前進要道之渡河器
　　材，如因運輸關係不能在印度取得此項架橋器材
　　時，則須負補給之責。

附件五　補給與後送

補給及後運目錄

A. 表

　　計算維持中國部隊三十天所須之物資噸數（參考
　　第一表）

　　各作戰時期所使用之部隊數目（參考第二表）

　　預算所需全部物資（噸為單位）－（參考三表）

B. 表

　　本年八月十五日甲種師可能之裝備（參考第四表）

C. 表

　　藥品統計

　　所需藥品補充及裝備（第五表）

D. 表

　　計算噸數（包括油管、道路及空中運輸）（第六表）

　　支援空軍部隊及美國陸軍部隊及人員所需之物資噸
　　數（第七表）

　　中國增加物資費用總數（第八表）

　　後勤部隊－請增噸位（第九表）

美國部隊之原定運輸量及增加噸位（第十表）

中國遠征軍部隊原重量及增重量（第十一表）

第十四航空隊部隊原重量及增量（第十二表）

第十空軍部隊增加重量

E. 表

汽車部隊及空軍每月所需保養噸數－（第十四表）

二噸半載重車每月所需量（第十五表）

中印之保養補給（第十七表）

計算訓練部隊所需量（第十七表）

F. 表

各種統計之摘要（第十八表）

G. 表

計算化學兵勤務

H. 表

兵工保管

兵工裝備（冰人計畫）

兵工裝備（第十九表）

I. 表

美國空軍部隊所需增加添

第一表　中國部隊三十天所需之噸數（修正）

項目		每月保養補充	(1) 彈藥	(2) 油料及汽車保養	清潔及保護
師	訓練	38	65	13	1
	戰鬥	38	129	13	1
軍	訓練	27	32	240	1
	戰鬥	27	63	240	1
野戰軍	訓練	25	1	310	1
	戰鬥	25	2	310	1
司令部	訓練	25	64	5,541	1
	戰鬥	25	129	5,541	1
備考					

項目		軍糧	燃料（柴火等）	馬乾
師	訓練	458	264	261
	戰鬥	458	264	261
軍	訓練	214	113	235
	戰鬥	214	113	235
野戰軍	訓練	64	34	
	戰鬥	64	34	
司令部	訓練	1,343	709	
	戰鬥	1,343	709	
備考		半數由就地取得	就地取得者	四分之三就地取得

項目		〔以上七項〕總數	〔以上七項〕就地取得者	〔以上七項〕應運輸總數
師	訓練	1,100	689	411
	戰鬥	1,164	689	475
軍	訓練	862	396	466
	戰鬥	893	396	497
野戰軍	訓練	435	66	369
	戰鬥	436	66	370
司令部	訓練	7,683	1,381	6,302
	戰鬥	7,748	1,381	6,367
備考				

附記：

（一）訓練－每個月五個師

　　　戰鬥－每個月十個師

（二）每車需一‧四四噸

第二表　各時期部隊使用之數目（修正）

種類	第一時期三十天由八月十五日至九月十五日	助作戰第一時期六十天	助作戰第一時期六十天	第二時期七十五天	第三時期三十天
戰鬥	九師三軍及一個野砲團，1/4 司令部	九月一日至十一月一日三師一軍	九月一日至十一月一日三師九軍一個野砲營	十七師六個軍一個野砲營 1/2 司令部	二十八個師三個軍三個野砲營 3/4 司令部
訓練	十九師六個軍及兩個野砲團、1/2 司令部（十五日）八個師三個軍、一個野砲團、1/4 司令部			十一個師二個軍 1/4 司令部	

第三表　所需保養總噸數（修正）

	第一時期三十天	助戰鬥第一時期六十天	助戰鬥第一時期六十天	第二時期七十五天	第三時期三十天
戰鬥	7,728	3,844	11,655		23,161
訓練	17,810			50,176	
時期內所需量	25,538	3,844	11,655	50,176	23,161
每月	25,538	1,922	5,828	20,070	23,161

第四表　一九四五年八月十五日甲種師之可能裝備

（修正）

	部隊裝備	備考
軍需	二十八個師	不能全部裝備，但雨衣蚊帳各甲種師均可發給；背囊可裝備二十八個師。
藥品	二十六個師	百分之百裝備（內有十個師百分之五十裝備）
通訊	三十四個師	重要通訊項目
工兵	二十七個師 九個軍 三個野戰軍 司令部（80%）	戰鬥裝備、鐵匠器材例外
兵工	二十個師 七個軍 二個野戰軍 司令部（55%）	不包括汽車車輛
化學兵戰	十五個師	防毒面具及火焰放射器可能裝備一個重汽車團

第五表　醫藥品之設備與補給

第一期	需要設備（總數）噸	中國	印度	請發數
兩個師（駐印軍）	20	20		
十個師（美械）	100	2	9	89
四個軍（美械）	30			30
兩個方面軍（美械）	6			6
1/2 個總司令部	2			2
	158	22	9	127
第二期	需要設備（總數）噸	中國	印度	請發數
兩個師（駐印軍）	20	20		
十六個師（美械）	160	100		60
六個軍（美械）	45	30		15
三個方面軍（美械）	9	6		3
3/4 個總司令部	2	2		
	236	158		78
第三期	需要設備（總數）噸	中國	印度	請發數
兩個師（駐印軍）	20	20		
三十四個師（美械）	340	230		110
十二個軍（美械）	90	60		30
四個方面軍（美械）	12	9		2
一個總司令部	3	3		
	465	322		142

醫藥估計數

1. 道路行軍及占領區內之一般衛生設備，所謂占領區及行軍道路乃指湖北、江西、湖南及貴州各省而言。此區內之地形高度除貴陽東北部在三千公尺以外，其餘僅達二千公尺以下，河流亦極多，交錯橫雜。

2. 華中部之一般衛生設備——中部之整個地區須設備一種強有力之疾病預防方策，始可發揮戰鬥能力。關於衛生設備種痘及衛生方面所應遵守之規則為預防疾病之主源，各部隊應遵守事項如左：

（1）切實防止蚊蟲。

（2）須飲沸過之水，吃熱物品及清鮮烹調過物品。該區域在六月間至十二月間應注意如左疾病防護：

　　（1）瘧疾

　　　　瘧疾全年均有發生可能，但在夏季及秋初最易發生時期。貴州省每年由四月至十月間之兩季時期瘧疾最為猖獗，依據一九四三及一九四四年之統計報告，該省在八月間一個月人民所患之瘧疾約達六千人之譜；至湖北、河南、貴州、江西各省之瘧疾亦甚猖獗，故須隨時注意其預防，包括河滌平之注射（惡性瘧疾注射）。

　　（2）腸熱病

　　　　傷寒病、腸熱病及其腹瀉等疾在該區內最為流行，其發生原因及喝飲不潔之水及吃未煮熟之物品所致，所有水須先沸過始可飲

之，就地購得物品亦須先煮熟後始食之。

（3）霍亂

霍亂流行雖較減少，但湖南省衛生設備較
差，今後須預防其流行。

（4）花柳病

梅毒、淋病、下疳、淋巴發炎等疾在該區
域內亦有發現，正確數目尚無法。依據統
計按人口統計約百分之十至五十患有梅毒
及淋病，人民玩妓女之數目亦頗高。

（5）鼠疫

此區域內之鼠疫雖不十分嚴重，但曾經發
現。據一九四二年調查，湖南省發生鼠疫
最盛，鼠疫在中國戰事爆發後，無疑地逐
漸昌盛。

（6）迴歸熱

湖北省對迴歸熱之流行為中國各省冠，六
月至十二月始稍退，此項疾病在貧苦難民
民眾中最易染得。

（7）傷寒症

傷寒症現已發現，將來在該區域內雖不如
華北各省流行之盛，但將成嚴重問題。

（3）注意肉食物及水所傳染之疾病

A. 蚊蟲所生之疾病為瘧疾，故不可忽略之。

B. 花柳病、梅毒、淋病等最關重要，須設法防
止之。

C. 一切就地購得之物品及水，須加以烹調及沸過

後，始得飲食之。

3. 軍醫人員

A. 中國部隊各軍師內之軍醫人員須加以充實，並曾受有嚴格之訓練。中國軍醫署須選派優良軍醫赴各醫院擔任工作。

B. 美國

（1）供給美國部隊之軍醫設備

部隊

一個軍醫站（150 床位）	編制表 8-560
一個軍醫站（750 床位）	編制表 8-560
三個野戰醫院	編制表 8-510
三個後方醫院（1,000 床位）	編制表 8-500
一個休養處	編制表 8-595 T
八個空軍藥房	編制表 8-450
一個空軍後運大隊	編制表 8-447

（2）供給中國部隊之軍醫設備

| 十八個遊動外科醫院 | 編制表 8-572 S |
| 五個野戰醫院 | 編制表 8-510 |

（3）對中美部隊之瘧疾防護

部隊

| 六個瘧疾視察部隊 | 編制表 8-500 |
| 八個瘧疾管制部隊 | 編制表 8-500 |

（4）對中美部隊之後運業務

部隊

| 四個救護車連汽車 | 編制表 8-317 |

（5）對中美部隊藥品補給業務

　　部隊

一個空軍藥品補給排	編制表 8-497
一個藥品貯藏連	編制表 8-661
三個藥品貯藏連（缺二個保養排）	編制表 8-667
二個藥品基地貯藏所	編制表 8-187

（6）對中美部隊糧秣之檢查

　　（主要為對美國部隊之檢查）

　　部隊

| 十四個獸醫部隊之糧秣檢查 | 編制表 8-500 DD |

（7）對中美部隊獸類之供給（主要為中國部隊）

　　部隊

| 三個獸醫連 | 編制表 8-99 |
| 三十六個獸類部隊 | 編制表 6-155 |

4. 所需藥品補給

　A. 原定裝備

　　（1）對美國衛生部隊裝備——該部隊之裝備五月十五日以前即須運至中國

　　（2）對中國衛生部隊之裝備

衛生裝備之部隊	編制一九四四年七月一日	原裝備重缺噸數		可能裝備之部隊數		向 2-1 請求	
		每單位	總計	中國	印緬	裝備數	噸數
三十六個師	10-1	10	360	2	9	25	250
十二個軍	20-1	75	90	0	0	12	90
五個集團軍	30-1	3	15	0	0	5	15
總數			465				355

　B. 保養補給

　　（1）美國部隊（六五、〇〇〇人）：美國部隊之

藥品補充依每一〇、〇〇〇人每月需用一二
噸計算，則每月六五、〇〇〇人所需補充量
為七八噸。

（2）中國部隊為五四〇、〇〇〇人，依中國部隊
一〇、〇〇〇人每月須補給四噸計算，則每
月共需二一六噸。

每月共需補給數：二九四噸。

5. 對增加人員及補給之計畫

A. 人員

部隊	編制表	所需總數	中國戰區內現有數	印緬戰區	向 2-1 請求者
軍醫站 150 床位	8-560	1	1	0	0
軍醫站 750 床位	8-560	1	1	0	0
野戰醫院	8-510	8	3	2	3
後方醫院	8-500	2	0	1	1
休養處	8-595 T	1	0	0	1
空軍藥房	8-450	8	8	0	0
空軍後運中隊	8-447				0
遊動外科醫院	8-572 S	18	12	2	4
瘧疾視察部隊	8-500	6	2	0	4
瘧疾管制部隊	8-500	8	3	5	0
救護車連 汽車	8-417	4	0	0	4
衛生補給排	8-497	1	1	0	0
藥品儲藏連	8-661	1	二排	1 在中國缺少二排	0
藥品儲藏連	8-661	1	0	0	1
藥品儲藏連 缺保養排	8-661(1)	2	0	0	2
藥品基地儲藏所	8-187	2	0	0	2
糧秣檢查部隊	8-500 DD	15	5	0	10
獸醫連	8-99	2	0	1	1
獸醫部隊	FA6-155	36	19	0	17

B. 裝備

二十五個師所需之裝備：

美國陸軍部已允裝備三十六個師（優良部隊），其中八個師美方已允先為裝備，其他二十八個師之裝備大部分已在美國準備完竣，隨時可以應命。此項裝備（共355噸）自須由海運獲得優先權之運輸，原定裝備不配全時，可臨時代替之。如檢查各種裝項目缺乏時，自係認為不致引起有何困難。就防毒戰而論，因毒氣救護工具缺乏，此亦須臨時設法之。

C. 保養補給

（1）估計貯存一部藥品補給於中國華南，其分配如左：

中國部隊貯存於貴陽、昆明及開遠為500噸。

美國在昆明－雲南驛及寶山之藥品貯存量為700噸。

合共1,200噸，按每月消耗藥品量約295噸，故所貯存者最大限可供四個月之消耗，但其中若干重要藥品則不免發生缺乏，此種缺乏現象至本年五月、六月間當可合理解決之。戰場內所補給之藥品標準量，可供給九十天之用。

（2）特種補給

霍亂注射

鼠疫注射

河滌平（惡性瘧疾）

蚊蟲消毒

　　滅蟲藥－屬軍需發給

6. 建議事項

　　此地區之戰鬥對於衛生設備至關重要，對於該地區之
軍醫主任，須予以優先權之補給，以利進行其工作。

第六表　運輸噸位估計（油管公路航線）（修正）

	短距離
四月	53,550
五月	54,000
六月	60,100
七月	75,400
八月	86,400
九月	88,400
十月	89,300
十一月	90,300
十二月	92,300
一月	94,300
二月	98,300
三月	104,300

所有長距離改成短距離（係數一‧七）

第七表　補充空軍美國陸軍及人員之噸位（修正）

	四月	五月	六月	七月
（一）後勤總部	8,500	8,500	8,500	8,500
（二）後勤司令部	14,570	14,570	14,570	14,570
（三）中國後勤總部	15,800	13,300	13,300	13,300
（四）哩程	160	160	160	160
（五）後勤部隊		600	1,650	2,154
（六）美國部隊	699	1,083	1,408	1,539
（七）駐印部隊		2,169	5,376	4,822
（八）第一四航空隊		474	1,266	1,965
（九）第一〇航空隊		700	3,700	6,990
合計	39,729	41,554	50,410	53,690

	八月	九月	十月	十一月
（一）後勤總部	8,500	8,500	8,500	8,500
（二）後勤司令部	14,570	14,570	14,570	14,570
（三）中國後勤總部	13,300	13,300	13,300	13,300
（四）哩程	160	160	160	160
（五）後勤部隊	2,739	2,739	2,739	2,739
（六）美國部隊	1,539	1,539	1,539	1,539
（七）駐印部隊	4,741	4,741	4,741	4,741
（八）第一四航空隊	2,259	2,090	2,090	2,090
（九）第一〇航空隊	11,140	13,140	13,140	13,140
合計	58,948	60,779	60,779	60,779

	十二月	一月	二月	三月
（一）後勤總部	8,500	8,500	8,500	8,500
（二）後勤司令部	14,570	14,570	14,570	14,570
（三）中國後勤總部	13,300	13,300	13,300	13,300
（四）哩程	160	160	160	160
（五）後勤部隊	2,739	2,739	2,739	2,739
（六）美國部隊	1,539	1,539	1,539	1,539
（七）駐印部隊	4,741	4,741	4,741	4,741
（八）第一四航空隊	2,090	2,090	2,090	2,090
（九）第一〇航空隊	13,140	13,140	13,140	13,140
合計	60,779	60,779	60,779	60,779

（一）（二）（三）（四）用於補充現在部隊－不變動

（一）五、〇〇〇噸位長距離（一‧七係數）及假定不
　　加長距離之要求

（三）此為全部空軍 50% 力量之估計數

（五）（六）（七）（八）（九）增加價值可參照第八、
　　九、十、十一、十二諸表指示日期及增補數量

第八表　中國增加全部物資數（修正）

	四月	五月	六月	七月
第九表　後勤部隊		600	1,630	2,154
第十表　美國部隊	699	2,083	1,408	1,539
第十一表　駐印軍		2,167	5,876	4,822
第十二表　第十四航空隊		474	1,266	1,955
第十三表　第十航空隊（一）		700	3,700	6,690
合計	699	6,024	13,880	17,160

	八月	九月	十月	十一月	十二月
第九表　後勤部隊	2,739	2,739	2,739	2,739	2,739
第十表　美國部隊	1,539	1,539	1,539	1,539	1,539
第十一表　駐印軍	4,741	4,741	4,741	4,741	4,741
第十二表　第十四航空隊	2,259	2,090	2,090	2,090	2,090
第十三表　第十航空隊（一）	11,140	13,140	13,140	13,140	13,140
合計	22,418	24,249	24,249	24,249	24,249

（一）註記：工作以百分之五十能力計算

第九表　後勤部隊增加重量（修正）

	四月十五日	五月一日	五月十五日	六月一日
第八零糧秣檢驗處		0.5	0.5	0.5
第八二糧秣檢驗處		0.5	0.5	0.5
第八三六醫務所		2.5	2.5	2.5
第八三七醫務所		2.5	2.5	2.5
第一八一通信修理連		34.5	34.5	34.5
第一七二後方醫院		23.0	23.0	23.0
第九五化學勤務連		40.0	40.0	40.0
第五二七重武器軍械連			39.5	39.5
工兵輕架橋連			69.0	69.0
第四外科醫院			22.0	22.0
軍械連			37.5	37.5
航空工兵營			225.0	225.0
第三三四零通信修理連				42.0
第七零野戰醫院				24.0
第八五八航空工兵營				225
丙種倉庫				
第六七八軍需基地倉庫				
第一五七五工兵重工廠連				
第六九醫藥倉庫				
第七五五兵工勤務支隊				
第二六零兵工勤務支隊				
第一三五九工兵運輸連				
第九五野戰醫院				
第九六野戰醫院				
航空工兵營				
武器連				
武器修理連				
合計		103.5	496.5	787.5

	六月十五日	七月一日	七月十五日	八月一日
第八零糧秣檢驗處	0.5	0.5	0.5	1.0
第八二糧秣檢驗處	0.5	0.5	0.5	1.0
第八三六醫務所	2.5	2.5	2.5	5.0
第八三七醫務所	2.5	2.5	2.5	5.0
第一八一通信修理連	34.5	34.5	34.5	69.0
第一七二後方醫院	46.0	46.0	46.0	92.0
第九五化學勤務連	40.0	40.0	40.0	80.0
第五二七重武器軍械連	39.5	39.5	39.5	79.0
工兵輕架橋連	69.0	69.0	69.0	138.0
第四外科醫院	22.0	22.0	22.0	44.0
軍械連	37.5	37.5	37.5	75.0
航空工兵營	225.0	2250	225.0	550.0
第三三四零通信修理連	42.0	42.0	42.0	84.0
第七零野戰醫院	24.0	24.0	24.0	48.0
第八五八航空工兵營	225.0	225.0	225.0	550.0
丙種倉庫	3.5	3.5	3.5	7.0
第六七八軍需基地倉庫	5.0	5.0	5.0	10.0
第一五七五工兵重工廠連	15.5	15.5	15.5	31.0
第六九醫藥倉庫	4.0	4.0	4.0	8.0
第七五五兵工勤務支隊	2.0	2.0	2.0	4.0
第二六零兵工勤務支隊	2.0	2.0	2.0	40
第一三五九工兵運輸連		44.0	44.0	48.0
第九五野戰醫院		24.0	24.0	48.0
第九六野戰醫院		24.0	24.0	48.0
航空工兵營			225.0	550.0
武器連			37.5	75.0
武器修理連			22.5	45.0
合計	842.5	934.5	1,219.5	2,739.0

假定全為陸上運輸

第十表　美軍原有之重量及增加之重量（修正）

	四月一日	四月十五日	五月一日	五月十五日
第四七五步兵團之兩營	322.0	214.0	214.0	214.0
野砲第六一二營	38.0	88.0	101.0	101.0
＊第五野砲測音排		10.0	5.0	5.0
第一二四騎兵隊		81.0	142.0	142.0
第四四外科醫院		23.0	5.5	5.5
第四九外科醫院		23.0	5.5	5.5
旅司令部及其勤務連			42.0	20.0
第六一三野砲營				75.0
第四四野戰醫院				
第二五野戰醫院				
照相隊				
照相隊				
合計	260.0	439.0	515.0	568.0
每月合計		699.0		1,083.0

	六月一日	六月十五日	七月
第四七五步兵團之兩營	214.0	214.0	428.0
野砲第六一二營	101.0	101.0	202.0
＊第五野砲測音排	5.0	5.0	10.0
第一二四騎兵隊	184.0	184.0	364.0
第四四外科醫院	5.5	5.5	11.0
第四九外科醫院	5.5	5.5	11.0
旅司令部及其勤務連	20.0	20.0	40.0
第六一三野砲營	101.0	101.0	202.0
第四四野戰醫院		86.5	173.0
第二五野戰醫院		24.0	48.0
照相隊		0.5	1.0
照相隊		0.5	1.0
合計	636.0	771.5	1,539.0
每月合計		1,407.5	1,539.0

＊預計

第十一表　駐印軍原有重量及增加重量（修正）

	五月一日	五月十五日
工兵第十二團	167	17
第三十師		1,106
工兵第十團		230
指揮部		8
步兵第一團		311
＊暫編第一戰車團		
＊獸力輸送團		
＊汽車輸送第六團		
野戰砲兵第四團		175
野戰砲兵第五團		60
憲兵第三營		52
通信兵第三營		30
五〇二軍郵局		1
第二五野戰醫院醫藥支隊		5
第四四野戰醫院醫藥支隊		5
第三十八師		
野戰砲兵第十二團 （欠二營）		
第一兵工營		
特種勤務營		
憲兵第二營		
五〇一郵局		
第一四後方醫院醫藥支隊		
第一三醫務營醫藥支隊		
第五〇師		
五〇三軍郵局		
第四八後方醫院醫藥支隊		
第六九普通醫院醫藥支隊		
新一軍		
五〇六軍郵局		
榮譽隊		
副長官部		
＊戰車第三營及特務連		
＊戰車第六營		
第七三後送醫院醫藥支隊		
第二〇後方醫院醫藥支隊		
第一五一醫務營醫藥支隊		
汽油機油潤滑油		
合計	167	2,000
每月合計		2,167

	六月一日	六月十五日
工兵第十二團	17	17
第三十師	100	100
工兵第十團	23	23
指揮部	1	1
步兵第一團	31	31
＊暫編第一戰車團	10	10
＊獸力輸送團	10	10
＊汽車輸送第六團	10	10
野戰砲兵第四團	18	18
野戰砲兵第五團	6	6
憲兵第三營	5	5
通信兵第三營	3	3
五○二軍郵局		
第二五野戰醫院醫藥支隊		1
第四四野戰醫院醫藥支隊		1
第三十八師	1,343	100
野戰砲兵第十二團（欠二營）	51	5
第一兵工營	61	6
特種勤務營	66	6
憲兵第二營	52	5
五○一郵局	1	
第一四後方醫院醫藥支隊	7	
第一三醫務營醫藥支隊	7	1
第五○師		1,155
五○三軍郵局		1
第四八後方醫院醫藥支隊		9
第六九普通醫院醫藥支隊		7
新一軍		
五○六軍郵局		
榮譽隊		
副長官部		
＊戰車第三營及特務連		
＊戰車第六營		
第七三後送醫院醫藥支隊		
第二○後方醫院醫藥支隊		
第一五一醫務營醫藥支隊		
汽油機油潤滑油		2,523
合計	1,822	4,054
每月合計		5,876

	七月一日	七月十五日	八月
工兵第十二團	17	17	34
第三十師	100	100	200
工兵第十團	23	23	46
指揮部	1	1	2
步兵第一團	31	31	62
＊暫編第一戰車團	10	10	20
＊獸力輸送團	10	10	20
＊汽車輸送第六團	10	10	20
野戰砲兵第四團	18	18	36
野戰砲兵第五團	6	6	12
憲兵第三營	5	5	10
通信兵第三營	3	3	6
五〇二軍郵局			
第二五野戰醫院醫藥支隊		1	1
第四四野戰醫院醫藥支隊		1	1
第三十八師	100	100	200
野戰砲兵第十二團（欠二營）	5	5	10
第一兵工營	6	6	12
特種勤務營	6	6	12
憲兵第二營	5	5	10
五〇一郵局			
第一四後方醫院醫藥支隊	1		1
第一三醫務營醫藥支隊		1	1
第五〇師	100	100	200
五〇三軍郵局			
第四八後方醫院醫藥支隊		1	1
第六九普通醫院醫藥支隊	1		1
新一軍	4		
五〇六軍郵局	1		
榮譽隊	68	6	12
副長官部		23	4
＊戰車第三營及特務連			10
＊戰車第六營			10
第七三後送醫院醫藥支隊		6	1
第二〇後方醫院醫藥支隊		7	1
第一五一醫務營醫藥支隊		5	1
汽油機油潤滑油		3,784	3,784
合計	531	4,298	4,748
每月合計		4,822	4,748

＊載重

第十二表　十四航空隊原有重量及增加重量（修正）

	五月一日	五月十五日	六月一日	六月十五日
一個工程中隊	85.0	7.0	7.0	7.0
第一三七七通信連	77.0	10.0	10.0	10.0
三個空軍基地戰鬥支隊	30.0	3.0	3.0	3.0
＊＊一個通信勤務支隊	50.0	7.5	7.5	7.5
＊一個工兵運輸連			126.0	126.0
＊＊一個消防排		30.0	3.0	3.0
第七二零防空警戒營		174.0	9.0	9.0
無線電情報支隊			20.0	2.0
兩個航空憲兵連			128.0	7.5
一個中國重轟炸機大隊			200.0	500.0
一個航空通信連				77.0
＊一個工兵運輸連				
兩個空軍基地戰鬥支隊				
兩個空軍醫務所				
＊航空工兵營				
一個航空後送醫務所				
兩個工程中隊				
＊一個後勤大隊				
三個空軍基地戰鬥支隊				
兩個憲兵連				
合計	242.0	231.5	513.5	752.0
每月合計		473.5		1,265.5

	七月一日	七月十五日	八月一日	八月十五日	九月一日
一個工程中隊	7.0	7.0	7.0	7.0	14.0
第一三七七通信連	10.0	10.0	10.0	10.0	20.0
三個空軍基地戰鬥支隊	3.0	3.0	3.0	3.0	6.0
＊＊一個通信勤務支隊	7.5	7.5	7.5	7.5	15.0
＊一個工兵運輸連	126.0	126.0	126.0	126.0	252.0
＊＊一個消防排	3.0	3.0	3.0	3.0	6.0
第七二零防空警戒營	9.0	9.0	9.0	9.0	18.0
無線電情報支隊	2.0	2.0	2.0	2.0	4.0
兩個航空憲兵連	7.5	7.5	7.5	7.5	15.0
一個中國重轟炸機大隊	500.0	500.0	500.0	500.0	1,000.0
一個航空通信連	10.0	10.0	10.0	10.0	20.0
＊一個工兵運輸連	42.0	42.0	42.0	42.0	84.0
兩個空軍基地戰鬥支隊	20.0	2.0	2.0	2.0	4.0
兩個空軍醫務所	8.0	1.0	1.0	1.0	2.0
＊航空工兵營		275.0	275.0	275.0	550.0
一個航空後送醫務所		25.0	0.5	0.5	1.0
兩個工程中隊		170.0	14.0	14.0	28.0
＊一個後勤大隊			100.0	15.0	30.0
三個空軍基地戰鬥支隊			30.0	3.0	6.0
兩個憲兵連			64.0	7.5	15.0
合計	755.0	1,200.0	1,213.5	1,045.0	2,090.0
每月合計		1,955.0		2,258.5	2,090.0

第十三表　第十航空隊增加重量（修正）

	五月	六月	七月	八月	九月
中國戰區美國空軍前進梯隊（印緬戰區美空軍）	500	500	500	500	500
第十航空隊前進梯隊指揮部	200	200	200	200	200
中國戰區美空軍司令部		2,000	2,000	2,000	2,000
第十航空隊指揮美空軍司令部		1,000	1,000	1,000	1,000
第三十三戰鬥機大隊			2,400	2,400	2,400
第八十戰鬥機大隊			1,500	1,500	1,500
第二十戰術偵察中隊			300	300	300
勤務大隊			200	200	200
戰鬥領航中隊			50	50	50
航空工兵營			500	500	500
戰術指揮中隊			10	10	10
無線電偵察連			20	20	20
第三四一輸送大隊			2,700	2,700	2,700
中國戰區美空軍司令部（美空軍印緬戰區）			1,500	1,500	1,500
第十美航空隊指揮部			500	500	500
第一與第二空軍突擊隊				3,000	3,000
第十二醫務大隊				2,500	2,500
第七轟炸大隊				3,000	3,000
兩個勤務大隊				400	400
第一武裝運輸大隊					4,000
第九照相偵察大隊					4,000
合計	700	3,700	13,380	22,280	26,230

附記：以上為史東將軍所建議美空軍由印緬戰區移至
　　　中國戰區之噸位計畫，標準量為百分之五十。

第十四表　每月保管修理所需要之陸空運之噸位（修正）

種類	八月	九月	十月	十一月	十二月
卡車噸位－訓練	1,761	8,386	23,000	11,250	
卡車噸位－戰鬥部隊與倉庫	4,864	16,614	2,000	2,000	13,250
卡車消耗噸位	2,750	10,392	10,390	5,500	5,500
總計	9,375	35,392	35,390	18,750	18,750
空運噸位－戰鬥部隊與倉庫					11,911
空運噸位－訓練（一）	7,144	11,554	8,820	8,820	
總計	16,519	46,496	44,212	27,570	30,661

（一）空運消耗為 1/2 噸位

第十五表　每月所須之 2 又 1/2 噸卡車數

	八月十五－卅一	九月	十月	十一月	十二月
作戰與倉庫所需之卡車	1,081	3,700	445	445	
訓練所須卡車	393	1,860	5,115	2,500	2,945
合計	1,474	5,560	5,560	2,945	2,945
可用之卡車	5,197	7,297	9,297	11,297	13,297
美空軍及其他部隊所需用者	3,723	1,737	3,737	8,352	10,352
缺少					

註記：每月往返運輸三次

第十六表　向中國內部運輸之補給

態勢 區分	一 長沙－衡陽	二	三 武昌－南昌－吉安		一 昆明－百色－南寧	二 蒙自－老街－河內
戰鬥部隊	7,728		23,161	助作戰	3,844	11,655
訓練	17,810	50,176				
倉庫	2,000	5,000	2,000		4,000	4,000
合計	37,538	55,176	25,161		7,844	15,655
油類	4,400	11,000	4,400		2,615	5,214
陸運消耗	1,100	2,750	1,100		654	1,304
總計	33,038	68,926	30,661		11,113	22,173
陸運	18,750	46,875	18,750		75,000	75,000
空運	14,288	22,051	11,911			

（1）陸地卡車運輸消耗計畫

第十七表　軍隊訓練所需之估計

態勢	可用道路之能力與部隊訓練差額	保持軍隊訓練所需	保持軍隊訓練所需之空運
一	3,522	17,810	14,288
二	6,625	50,176	43,551

第十八表　後勤摘要

名稱	表	四月	五月	六月
一、共收噸位（短程）	六	53,550	54,000	60,101
二、增補美陸軍及第十四航空隊	七	39,729	41,554	50,410
三、戰鬥部隊維持	九			
四、補給部隊空運之消耗	九			
五、二，三，四項需要之總數		39,729	41,554	50,410
六、一，五項差額		13,821	12,446	9,690
七、連續差額		13,821	26,267	35,957

名稱	表	七月	八月	九月
一、共收噸位（短程）	六	75,400	86,400	88,400
二、增補美陸軍及第十四航空隊	七	53,690	58,948	60,779
三、戰鬥部隊維持	九		16,519	46,946
四、補給部隊空運之消耗	九		3,572	5,777
五、二，三，四項需要之總數		53,690	79,039	113,502
六、一，五項差額		21,170	7,361	25,102
七、連續差額		57,667	65,028	39,926

名稱	表	十月	十一月	十二月
一、共收噸位（短程）	六	89,300	90,300	92,300
二、增補美陸軍及第十四航空隊	七	60,779	60,779	60,779
三、戰鬥部隊維持	九	44,212	27,570	30,661
四、補給部隊空運之消耗	九	4,410	4,410	5,955
五、二，三，四項需要之總數		109,401	92,759	97,395
六、一，五項差額		20,101	2,459	5,095
七、連續差額		19,825	17,366	12,271

化學戰勤務計畫

一、依訓練進度及可用器材計畫如下：

由五月十五日－二營

七月一日　－二營

九月一日　－五營

十月一日　－九營

以上為所指示之日期可訓練之營數，此並不以一營仍在印度而計算其進度，係依照訓練迫擊砲隊二十四週進度所擬定者。

二、照以上計畫及每砲每日廿發計算，所需之戰鬥射擊彈藥數如左：

每營每月　作戰需　一四、四〇〇發，重量二三四噸

六月　　　　二營　二八、八〇〇發－　　四六八噸

七月　　　　二營　二八、八〇〇發－　　四六八噸

八月　　　　二營　二八、八〇〇發－　　四六八噸

九月　　　　五營　七二、〇〇〇發－一、一七〇噸

十月（十五天）九營　六四、八〇〇發－一、〇五三噸

三、中國訓練處第三科（計畫訓練科）指示完成以上之訓練進度。

兵工保養（欠車輛保養設備）

1. 現有設施

    A. 五三兵工廠遊動修理所－其設施（小口徑武器以迄七五砲之修理）等於美方之輕保養連。

    B. 另外修理所與前者同，但其能力僅其前者之半。

    C. 美方四兵工保養組，其工作能力僅限於軍官一人、士兵二人。

2. 第一期末時

    A. 昆明中國兵工訓練處畢業人員使用美方保養器材（ZF05 式），大約可使十人工作組共十組分配於戰場上，車輛及美方聯絡人員於此時尚不能施設。

3. 第二期末時

    A. 美方中保養連（除車輛保養設施）共十二連，可於此時由船舶輸送獲得（如在美可能時）。美方聯絡人員及中國工匠，必須於此時配賦。但於第二期末時，在中國陸軍及中國兵工方面尚不能明示為使用該各單位，而完成其管理機構及程序。

4. 於進至第三期時，如仍僅憑藉貧乏小口徑武器及火砲修理保養組織殊為不智，除非能力獲得美方兵工人員及中國官方（陸軍與兵工）能建立一確切之戰場上保養機構系統外，將難求迅速進步。

第十九表　兵工裝備－戰鬥

	一九四五 八、一五		一九四五 九、一		一九四五 一二、一	
	需要量	可能 儲積量	需要量	可能 儲積量	需要量	可能 儲積量
刺刀 M1905	46,683	105,568 (a)(p) ＊	88,179	105,568 (a)	145,236	105,568
刺刀 M1917		98,302 ＊		98,302		98,302
方向盤 M1 （砲兵用）	174	409	348	409	523	526
望遠鏡	1,973	2,020	3,746	2,020	6,114	7,467
白朗寧機槍 .303 吋口徑	3,204	12,188	5,937	12,188	9,878	12,188
白朗寧機槍 7.72 公厘口徑	263	12,900	526	12,900	789	12,900
機槍 .30 吋 口徑 M1919 A1	648	1,976	1,234	2,376	2,016	2,448
手提機槍 口徑 .45 吋	11,135	32,029 (p)	21,438	55,529 (a)(p)	34,136	42,682
戰車防禦砲 37 公厘	216	855	408	855	672	816
榴彈砲 口徑 75 公厘	108	357	204	387 (a)	336	408
榴彈砲 口徑 105 公厘 M2	72	302	156	302	204	288
擲彈砲 M1 與 M2	2,916	5,358	5,508	6,158 (a)	9,072	11,016
火箭炮 口徑 2.38 吋	189	1,537	1,257	2,037	588	714
迫擊砲及砲座 口徑 60 公厘 M2	1,458	2,438	2,754	2,438	4,536	5,508
迫擊砲及砲座 81 公厘 M1	324	788	612	884 (a)	1,008	1,224
三腳架 M1917 A1	648	1,718	1,224	2,418	2,016	2,448
防戰車步槍 口徑 .55 吋	270	3,621	510	3,621	840	1,120
步槍 口徑 .30 吋 M1903	57,175	104,855	109,835	104,855 (p)	176,040	104,855

	一九四五八、一五		一九四五九、一		一九四五一二、一	
	需要量	可能儲積量	需要量	可能儲積量	需要量	可能儲積量
步槍口徑 .30 吋 M1917		103,290		103,290		103,290 (a)
步槍利安非達（LEE-EN-FIELD）口徑 .30		24,771	12	24,771		24,771
榴彈砲 155 公厘	6	58		59	18	24

附註：（p）船舶運輸商定（a）立即指定需要量

＊假定二、○○○把 M 一九○五及六、一九七把 M
一九一七式刺刀在中國駐印軍內，十二月一日可能
儲積量將備足所有緊急需要量。

冰人計畫之兵工裝備

1. 附表所示係冰人計畫中兵工裝備之情形，即可能實
   施者。

2. 以下報告之二十一兵工項目乃軍隊作戰在戰場上最
   重要之基本裝備，研討所得係依以下為根據：

一九四五、五、十五所要者

駐印軍	兩個甲種師	七、一、裝備表
國境內	十個甲種師	十一、十八、裝備表
	四個甲種軍	十一、十八、裝備表
	兩個方面軍	十一、十八、裝備表 一○五榴彈砲兵共兩營
	總司令部二分之一	六個迫擊砲連（四・二吋） 兩個一五五榴彈砲兵營

一九四五、七、十五所需者

駐印軍	兩個甲種師	七、一、裝備表
國境內	十六個甲種師	十一、十八、裝備表
	六個甲種軍	十一、十八、裝備表
	三個方面軍	十一、十八、裝備表 一〇五榴彈砲兵共三營
	總司令部四分之三	九個迫擊砲連（四・二吋） 三個一五五榴彈砲兵營

一九四五、九、十五所要者

駐印軍	兩個甲種師	七、一、裝備表
國境內	三十四個甲種師	十一、十八、裝備表
	十二個甲種軍	十一、十八、裝備表
	四個方面軍	十一、十八、裝備表
	總司令部全部	十二個迫擊砲連（四・二吋） 三個一五五榴彈砲兵營

　　各期裝備尚依輸入與存儲數量為定，於一九四五年一月二十日在中國部隊內者，有存儲於印度待運者，有在海上輸送者，亦有撥歸中國尚未啟運者，倘該計需要立即啟運劃歸中國之裝備，則須商諸船舶當局，否則即認為按照正常運輸程序為已足。倘於各期中所需裝備仍須增加而必須運來者，及可能數所示為史迪威計畫所包含在內者，依經驗所得運入時間常須四至六月。

3. 為派各種不同口徑武器，茲建議各時期武器之分配如下：

五月	裝備六個師兩個軍，需二、一四六挺口徑 .303 機槍
七月	裝備三個師一個軍，需 .303 口徑步槍二〇、一四二支；.303 口徑機槍一、〇七三挺 裝備三個師一個軍，需 .303 口徑機槍一、〇七三挺
九月十五日	裝備最低限六個師，需 M1919A4 式 .30 口徑機槍各四三二枝，以替代 M1919A1 機槍，以補後者之不足，並使後者可供補充之用，以迄四月之久。
理由	A 七・九二公厘機槍之補充困難，該舉可得四、二九二挺七・九二機槍以為補充之用。

4. 為使中國戰區能有適當補充裝備，特建議向後勤部借用前因美方較送錯誤而存置於加爾各答之 .30 口徑 M1903 附刺刀之步槍三萬枝，以供緊急補充之用。

5. 結語：如冰人計畫以上第二節所述，倘採取適當步驟，則一切均可達成最高限之要求。

美方空軍充實裝備需要

第十航空前進梯隊			
單位之數目及類別	飛機之數目及類別	到達日期	月需保養噸位
一（雙引擎）驅逐大隊	75 P-38	五、一五	1,800
一中轟炸大隊	64 B-25	五、一五	2,911
1/2 夜間驅隊	6 P-51	七、一五	224
一（雙引擎）驅逐隊	25 P-38	七、一五	448
一重轟炸大隊	48 B-24	九、一五	3,448
一（單引擎）驅逐大隊	75 P-47	九、一五	1,614
一偵察隊	25 P-51	九、一五	206
三月	優先者	起運噸位	月需保養噸位
一機械記錄單位（B式）	一	15.0	1.0
一空軍工兵營	二	無，由陸路來	550.0
三工兵輸送連（不可能時則改為另一空軍工兵營）	三	無，由陸路來	252.0
合計		15.0	803.0
四月	優先者	起運噸位	月需保養噸位
二空運隊	一	50.0	24.0
三機場隊	二	255.0	42.0
一起卸大隊（欠中補給組）	三	830.0（其餘由陸路來）	250.0
五機場交通隊	四	50.0	10.0
一飛行通信隊	五	77.0	20.0
一空軍醫務所	六	4.0	1.0
二空軍憲兵連	七	64.0	15.0
一陸空連絡隊	八	180.0	6.0
一驅逐機管理處（已在海上）	九	198.0	5.0
一驅逐隊（單引擎）（第八一大隊九三中隊）	一〇	130.0	500.0

四月	優先者	起運噸位	月需保養噸位
一中轟炸隊（第三四大隊四九〇中隊）	一一	171.0	647.0
一中國重轟炸大隊	一二	200.0	1,000.0
合計		2,229.0	2,565.0
累計			3,368.0

五月	優先者	起運噸位	月需保養噸位
一補給大隊	一	825.0	198.0
二軍需輸送連	二		103.0
三機場隊	三	170.0	28.0
35 C-47 式運輸機	四	200.0	1,400.0
一中兵工保養連	五		12.0
一中飛行隊	六		1.0
一空軍化學連	七	171.0	9.0
一防空警報大隊	八	695.0	35.0
一驅逐大隊（單引擎）或四驅逐中隊	九	412.0	1,535.0
一中轟炸大隊	一〇	708.0	2,592.0
合計		3,206.0	5,903.0
累計			9,271.0

六月	優先者	起運噸位	月需保養噸位
25 C-47 式運輸機	一	100.0	1,000.0
該項運輸機極為必要，以備輸送此新增之噸位而適應在中國戰區空軍之要求。			
一空中攝影隊	二	92.0	3.0
二空中憲兵連	三	64.0	15.0
一戰鬥攝影單位	四	9.0	3.0
合計		268.0	1,021.0
累計			10,292.0

七月至十二月除第三節所列外不再增加單位。

1. 三十五 C-47 運輸機係供五月以後裝運空軍噸位及輸送油管至雲南驛，為輔助公路運輸，該戰區須向美空軍申請再增加運輸機數目，以輸送該戰區及後勤部軍用品至中國。

2. 每月保養噸位將近一〇、三〇〇噸，三月需要較八月增加總數近程噸位八千噸、遠程噸位三千五百

噸，吾人企求將各空軍單位逐漸北移，以轟炸敵交通線而收最大戰術上之效果，運輸機於昆明卸載軍用品後，又准由梁山向白市驛區飛往老河口及安江區輸送補給品。過去依據之原則，即使在中國基地之各空軍單位發揮最大效率，較之徒增加單位，而使補給不足減低效率為佳，為中國空軍最小量之單位亦經核准。

3. 第十航空隊或中印緬戰區增加單位，恐不可能，但以下單位已增加：

一個陸空聯絡隊

五個機場隊

兩個飛行通信連（三月間已由美運出一連）

十個機場交通隊

擬訂細部作戰計畫之指導

一、為指導細部作戰計畫之準備，下列事項均須準備以資參考。

二、本指導共三分部，計陸上作戰計畫、後勤作戰計畫及空軍作戰計畫。

甲、陸上作戰計畫

1. 為擬具計畫最小限度應加以考慮下列各事

（一）任務

（二）情報判斷及反情報處理

（三）我方可使用之兵力

（四）作戰概論

（五）授任務與參戰部隊

（六）所要求各兵種各後援之協助

（七）指揮與連絡

（八）突擊隊與游擊隊之使用

（九）一般補給計畫

2. 本計畫須附帶詳述下列事項

　　（一）我軍作戰序列及預料包括現有作戰
　　　　　部隊及行將使用之部隊

　　（二）指揮與連絡之方針及編組

　　（三）砲兵作戰計畫，包括運用砲兵之方針

　　（四）毒氣化學兵作戰計畫，防禦與攻擊
　　　　　處置

　　（五）工兵計畫，包括戰鬥工兵之責任（中
　　　　　國工兵或美方工兵）及對協助機關
　　　　　之要求

　　（六）防空計畫，包括消極與積極之手段

　　（七）對戰車計畫，包括地形判斷、敵軍
　　　　　行將使用之裝甲與武器之狀況及反
　　　　　戰車攻擊方法

　　（八）國軍及美軍之交通計畫

　　（九）對國軍及美軍健康之保持，病傷之
　　　　　治療及後送之醫藥計畫

　　（十）補給計畫包括各部分之任務

（十一）軍械計畫，包括在中國作戰指揮部
　　　　　範圍內軍械之補充、修理與供應

（十二）軍需品計畫，包括在中國作戰指揮部
　　　　　範圍內軍需品之補充、修理與供應

（十三）空軍協助計畫，包括請求支援之方法

（十四）運輸統制方針方策及其程序，包括行軍主力部隊之行軍日程表

（十五）緊急措置

（十六）突擊隊於游擊隊戰鬥序列運用、補給及統制

乙、後勤計畫

1. 在計畫方面最小限度須將下列事項加以考慮

（一）任務

（二）達成任務之方法

（三）後勤計畫論

（四）授任務與補給計畫所包有之各部隊

（五）作戰部隊之援助

（六）指揮與連絡

2. 後勤作戰計畫亦需附帶考慮下列各問題

（一）國軍及美軍之戰鬥序列，包括現有部隊、預計部隊及行將使用之部隊

（二）指揮與連絡之方法及其編組

（三）軍械計畫

（四）工兵計畫物力需要先將交通線及工兵所負裝置之各種設備週詳研究，以使其具體化

（五）交通計畫

（六）醫藥計畫

（七）軍需計畫

（八）運輸管制方法及程序

　　（九）詳加研究車輛情形，包括其所被要
　　　　　求之動作

　　（十）空軍方面建議之補給計畫

（十一）自昆明至前方主要補給基地之轉移問
　　　　　題，須詳加研討，將昆明基地之大
　　　　　部，於攻擊開始日以前其盡可能接近
　　　　　作戰地帶尤須深加研討。憑輸送力有
　　　　　限之道路，仰補給於三、四百英里
　　　　　之後方而行攻勢作戰，殊不可能。
　　　　　欲使作戰成功，補給基地必須於作
　　　　　戰開始之前盡可能遷移靠近前方。

丙、空軍作戰計畫

　1.此計畫最小限度須將下列事項加以考慮

　　（一）任務

　　（二）情況判斷及反間諜處置

　　（三）我方可使用之兵力

　　（四）作戰概論

　　（五）授任務與各參戰部隊

　　（六）所要求於各支援兵種部隊及後勤部
　　　　　隊之協助

　　（七）指揮與連絡

　　（八）心理作戰上之方法

　　（九）補給計畫

　2.本計畫亦須附帶詳細研討下事項

　　（一）空軍之戰鬥序列，包括現有部隊、
　　　　　預備部隊及行將使用之部隊

（二）指揮與連絡之方針及其編組

（三）化學兵作戰計畫，防禦與攻擊方法

（四）工兵計畫包含向各支援機構所要求
事項

（五）空中警戒計畫

（六）中美兩方面之交通計畫

（七）醫藥計畫

（八）補給計畫，包含各機構之任務

（九）後勤計畫，包含補充、修理與供應

（十）空軍協助計畫，包含請求協助之方
法及有關機構

（十一）運輸管制方策及其程序

（十二）特別措施，包含神經戰

三、關於計畫大綱之本身，須使人能充分明瞭，必須
牢記不使行將實施細部計畫之有機構看到此計畫
大綱。

二、白塔作戰計畫

逕啟者奉

交下白塔計畫一件（現該稱「卡波內多」），茲檢同正文部分隨函附上，即請查收為荷。至於附錄部分，另俟繕就後續行送達。此致

軍政部陳部長

委員長侍從室第一處啟

六、四

甲、戰略判斷

（一）太平洋及遠東區域戰略之形勢發展，本戰區之
　　　作戰務須與鄰接諸戰區，即中太平洋區、西南
　　　太平洋區、東南亞戰區互相調協。

（二）在中國及越南敵軍繼續調整部署，其兵力企圖
　　　保持長沙以南走廊地帶之交通線，同時在寧波
　　　半島及海防港口間各重要地區布防，以防盟軍
　　　登陸。

（三）當敵人在華南進行上述部署之際，本戰區部隊
　　　若向敵作強烈周密之進攻，以遮斷敵之交通，
　　　則對於全般戰局之貢獻必至為重大，且可達成
　　　吾人最大之目的──取得海口。

乙、作戰計畫綱要

一、主題之說明

本計畫指導本戰區內所有之陸軍、空軍及後勤機構，對在華敵軍實施協調周密之大攻勢。

二、假想事項

（I）太平洋上之作戰，繼續照原定計畫實施。

（II）在歐洲空軍有組織之抵抗，將於一九四五年五月十五日左右停止。

（III）在一九四五年五月以後敵軍將重新部署其兵力，以應付美軍在華東海岸之登陸或登陸之威脅。

（IV）敵海空軍之實力在一九四五年內逐漸削弱。

（V）四吋油管將於一九四五年四月中旬敷設至雲南驛，同年七月中旬延伸至昆明。

（VI）由印輸華空運及陸運噸位，每月可超過六萬噸。

三、任務

奪取中國西南海岸之港口，以截斷敵方在越南及其以南地區之路上交通線，並造成續行向敵進攻優良之態勢。

四、主要方針

（I）採取最有效之手段，早日完成對本戰區陸空軍物資供應之增進。

（II）在可能範圍內發動主力攻勢，以造成戰區戰略上及戰術上之優良態勢，而協力太平洋上之作戰。

（III）期於攻勢成功後，重振並改進中國陸軍之士氣、自信心及作戰效率。

（IV）建立海上交通，使本戰區能於對日作戰中作最大之貢獻——摧毀敵在大陸上之部隊。

五、作戰計畫概論

（I）主攻（參照附圖（一））

（1）第一期（預擬實施日期一九四五年八月一日）

由昆明、貴陽地區進攻，以昆明、百色、南寧之線及貴陽、百色、柳州之線為軸，占領並確保柳州、南寧地區。

（2）第二期（一九四五年九月一日開始）

I. 確保上述地區，整理裝備，補給各部隊，加強運輸，修補舊有機場並修築必要之新機場，以容納增援之空軍向東南北各方出動。

II. 襲擊敵軍防線弱點。

III. 在可能支持條件下訓練、裝備、補給新增之部隊。

Ⅳ. 依據美國聯合參謀部之核准，與西南
太平洋戰區合作建立呂宋至柳州、南
寧間之空中運輸線。

（3）第三期（預擬實施日期為一九四五年十
一月十五日）

Ⅰ. 與中太平洋區與西南太平洋區空軍
或海軍及兩棲部隊協同，繼續向廣
州、香港地區推進，美國駐華空軍
應予有效之空中支援，炸毀該地區
敵之主要據點。

1. 更代方案：與西南太平洋區空軍或
海軍及兩棲部隊協同繼續向雷州半
島推進，同時對進入廣州、香港各
通道施以可能之最大壓力，期能獲
取一良好之中繼海口。

（4）第四期（預擬實施日期至遲不得超過一
九四五年十二月十五日）

以本戰區之兵力奪取並確保廣州、香港地區，同
時中太平洋及西南太平洋區海空軍或兩棲部隊協
力或支援此項攻勢。

（Ⅱ）助攻：

　　（1）牽制攻勢

　　　　白塔作戰計畫指揮系統圖

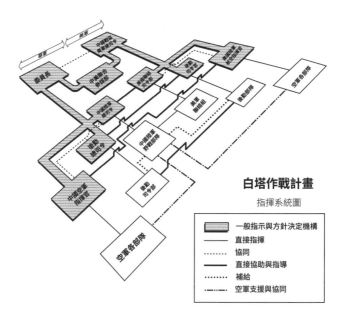

I. 北面：由芷江向東進攻，以衡陽為攻擊目
標，預擬實施日期一九四五年八月十五
日，以牽制衡陽、長沙間之敵軍。

II. 南面：以蒙自、老街之線為軸，向越南北
部進攻，以河內為攻擊目標，預擬實施日
期一九四五年八月十五日，以牽制越南
方面之敵軍。

（2）輔助攻勢

　　掩護作戰——除上舉牽制攻勢之外，尚應以
　　阿爾發計畫以外之部隊，對桂林、寶慶、
　　常德、宜昌、西京等線以東之敵作掩護攻
　　擊，以牽制該區敵軍。

（III）擾亂攻擊

　　（1）加強游擊隊、別動隊之活動，並使其與突
　　　　擊隊之擾亂攻擊協調，俾有助於主攻。

　　（2）採取心理作戰之各種手段。

（IV）空軍協力

　　戰區之空軍應盡各種手段，有效的支援主攻及
　　助攻，並應發動空中反攻，以獲得戰地上空絕
　　對的制空權。此外尚應對敵交通線上之主要目
　　標、敵後設施、倉庫、部隊集中地予以戰略及
　　戰術上之猛擊。在天候與地形許可之條件下，
　　對地面部隊作緊密的直接支援。

六、作戰計畫之研討

（I）陸軍作戰

（1）主攻

第一期（八月一日開始）

I. 在本戰區作戰能力範圍內，在初期作戰中，柳
　州、南寧地區實為最佳之作戰目標，因：

　1. 將昆明基地之防禦線向前推進，解除敵由東面
　　威脅此重要基地之危險。

　2. 現在防禦昆明部隊之位置，無論其在訓練或裝

備中者，在預定攻擊之日期（八月一日），均
易取道向敵進攻，毋庸作重大之重新部署。

3. 由昆明、貴陽之線有安全之交通線二條，通達
柳州、南寧地區，用以補給前線部隊，若加上
所有之空中運輸具，此地區（柳州、南寧）必
可成為一適當之作戰基地，以續行對廣州、香
港之攻略。

4. 在柳州、南寧間之敵軍，至為分散。

5. 敵軍由河內至衡陽之交通線若被截斷，則在南
寧以南之敵軍陷於孤立，獨恃艱難之海道以事
補充或撤退。

6. 以後向在南部海港（意指廣州或廣州灣）推進
時，交通線較為優良便捷。

由呂宋至柳州之空中補給線即可建立。

第二期（九月一日開始）

I. 鞏固柳州南寧地區之佈署至為必要，大量陸軍、
空軍應向前推進而得確保此地區，以作續向廣
州、香港攻略之準備。

II. 在本期作戰中，應盡力擴張戰果，襲擊敵軍弱
點，尤應著重於東南方面之雷州半島。

第三期（十一月十五日開始）

I. 在本期作戰開始之日期，預計各部隊之整理補充
及軍需品之供應應均已臻完備，以續行向廣州、
香港之攻勢。

II. 若本期作戰成功，則

1. 截斷戍守雷州半島及海南島敵軍之全部陸上交

通與支援。

2. 截斷越南敵軍之陸上交通與支援。

3. 可能迫使敵軍抽調現行駐守衡陽、廣州間交通線上及沿海地區福州、寧波一帶之部隊。

4. 獲得通達外洋海口，終至於肅清華南敵軍。

III. 敵軍或將死守所有通達廣州、香港之進入路，因而阻滯我軍之進展，甚或使我軍於數月間仍不能攻克該城——廣州。

IV. 基於上述原因，故準備前節所述之更代方案，此方案亦為略取最終目標（指廣州、香港）而設，若成功，則

1. 能以少數兵力獲取海海〔港〕設備（指廣州灣），因此而能增加軍品之補給，以從事廣州、香港之攻略。

2. 消滅此地區（指雷州半島）之敵軍，或迫使其向海南島撤退而陷入孤立。

3. 可由本地區對最後目標展開新的攻勢。

第四期（十二月十五日開始）

I. 略取廣州、香港之後，則

1. 在一九四六年之始，即可獲得新的供應線，以支援日後大規模之反攻。

2. 供給美海空軍新的作戰基地，以封鎖敵海軍及其所控制之海口，並可進出臺灣、海南島及華南地區，以肅清敵之殘餘海空部隊。

（2）助攻

I. 對於衡陽、河內之牽制攻勢（八月十五日開始）

1. 在初期作戰中，僅須使用少數部隊，以

子、警戒主攻南北兩翼之安全。

丑、牽制敵方部隊以免阻撓我方之主攻。

II. 補助攻勢

1. 本攻勢應以阿爾發以外之部隊擔任，以補前節
牽制攻勢之不足。

2. 此項攻勢防禦應發動所有在現地擔任防守之部
隊參加，並在不妨礙主攻之條件外，增強各部
隊之武器及人員。

3. 在桂林、衡陽、長沙、宜昌、南陽、西安等各
地區，應經常與敵保持接觸，所採手段可分為
空中偵察、陸上偵察、威力搜索、奇襲及小規
模之攻擊等。

4. 上舉各項活動，可

子、牽制相當數量之敵軍。

丑、使敵軍疲於奔命。

寅、偵知敵軍實力部署，調動諸項重要情報。

5. 在以上地區應避免大規模之攻擊，以防止敵軍
之反攻，大規模之攻勢應俟國軍之準備及補給
充分時，再行發動。

（II）空軍作戰

（1）目標

在實施本計畫前及實施之際，戰區空軍應作周
密協調之計畫，以協助攻勢之成功。所有關於
空軍之編組、使用、補給、轟炸目標之選擇及
空軍各期作戰之進展，均應以此目標為主眼。

（2）截斷敵軍之交通線

在執行此項任務時，預計太平洋之盟軍已能截斷臺灣以南敵方海上運輸，就補給而言，在兩廣之敵軍已瀕於危境，所有由長江及黃海港口輸入之物資，均以漢口為轉運樞紐，以後則由水路、鐵路運至長沙，再由平行鄰接之公路、鐵路運至桂林及柳州，而柳州、南寧間，則僅賴公路運輸而已。

（3）重轟炸機之任務

除維持戰地制空權之主要任務外，空軍最大之貢獻為遮斷敵軍之交通幹線，而尤以作戰初期為然，而擔任轟炸漢口地區之輪渡及碼頭設備，長江下游及長江以北敵方之交通線及布雷工作，重轟炸機至為必需。現雖有四個重轟炸大隊可資應用，但以補給之限制，預計在第一期作戰中僅能使用一個大隊，在以後各期中，可增為兩個或三個大隊（內中包括一個中國大隊）。以成都為基地之一個重轟炸大隊配合以梁山為基地之一個中型轟炸大隊、兩個單引擎戰鬥機大隊、一個 P-38 式中隊（戰鬥及戰鬥轟炸兩用），頗足以有效的擾亂長江流域及其以北地區之敵方運輸。

（4）戰地制空權

空軍應授予確保戰地上空制空權之任務（以爭取可能的最大制空權為目標），預料在第一期作戰中，以天候及地形之限制，敵我空軍僅可

有限的在作戰地境上空活動。此外敵方空軍又
須防守華東地區及其鄰接之島嶼，以應付太平
洋盟軍之登陸之威脅，故我方在初期作戰中，
亦不必需用大量之戰鬥機。在以後各期氣候轉
佳，預料敵方空軍實力亦將因太平洋盟國空軍
之轟炸及在中太平洋區、西南太平洋區、東南
亞戰區及中國戰區作戰損失之結果，而大為削
弱，敵在中國東南部之空軍，勢將集中福州以
北之沿海地帶，因是時太平洋盟軍已漸迫日本
本土，敵軍將承受盟軍在鄰接日本之中國海岸
登陸之危機。

（5）截斷敵軍戰術運輸線

以後即需用中型轟炸機、戰鬥轟炸機以攻擊漢
口至洞庭湖之水路交通，桂林、柳州走廊地帶
之鐵路、公路交通及南寧、河內、海防間之敵
方運輸線。在作戰後期，尚需攻擊廣州地區及
雷州半島至南寧、柳州間之敵方水陸交通線。

（6）隨伴作戰

在天候地形可能活動之範圍內，空軍應盡力隨
伴地面部隊作戰。在作戰初期（以後或較佳）
雲層甚低，視度不良，山地起伏，預期隨伴作
戰之空軍活動將大受限制。在第三、第四期作
戰中，天候或轉佳，而需要亦更切，故空軍對
於地面部隊之支援，應更為加強。

（7）末期之需要

在作戰末期，似需要重轟炸機配合中型轟炸

　　機、戰鬥轟炸機對廣州、香港外圍敵之堅強工
　　事予以轟炸。

（III）擾亂攻擊

　（1）游擊隊、別動隊及突擊隊之活動

　　　I. 在本計畫實施之際及其以前，游擊隊及別動隊
　　　　應加緊活動，突擊隊亦應發動強烈之襲擊，二
　　　　者應周密協調，俾正規部隊之攻擊易於奏效。

　　　II. 在作戰初期，此項攻擊應指向並摧毀柳州、南
　　　　寧間之敵方設施，以後即應擾亂敵之運輸線，
　　　　遮斷進入此地區之交通要道。

　　　III. 俟收復柳州、南寧地區後，此項攻擊應集中於
　　　　衡陽、桂林、曲江三角地帶之敵方交通網，若
　　　　能阻止敵軍及補給品之運輸，則對主攻之助力
　　　　最為宏大。

（IV）心理戰

　　　應盡各種手段從事心理戰以補助正規作戰。

七、敵情

（I）陸軍部分（參閱附錄（一）一九四五年二月十日
　　情報科對敵軍能力之判斷）

　（1）敵在湘桂粵戰區內作戰部隊，約有相當於十五
　　　師之實力，另在越北已證實有一師之兵力，總
　　　計有相當於十六師之兵力。

　　　I. 其中有四師現駐防桂林以南至越桂邊境之走廊
　　　　地帶，另有二師駐防柳州－南寧地區，該區即
　　　　為本計畫作戰初期所指向之目標。

II. 其他各師之部署態勢，如附圖（二）所示。

（2）判斷敵軍對柳州－南寧地區之增援能力如次

I. 以桂林之58D 一部（約四、○○○人），於七日至十日內增援。

II. 以越南之21D 一部（約四－八、○○○人），於五日至十四日內增援。惟此師團可於十日至廿一日內用以逆襲盟軍之側背。

III. 以零陵之3D（約一五、○○○人），於十日至廿五日內增援。

（3）如敵人將獨立旅改編額外之三個或四個師時，判斷敵對柳州－南寧地區之增援，則又如次

I. 由廣州以約四○、○○○人，於十四至廿一日內增援。

II. 由湘北以約四○、○○○人，於二十日至卅日內增援。

（4）若敵由緬甸戰場撤調三師之兵力以增防越南時，則此部隊將為對南寧－柳州地區之有力增援部隊。惟此項部隊須經適當時期之休息與補充裝備，始能作戰。故其能於一九四五年八月一日以前參戰之可能性，實屬可疑。

（5）現時及於一九四五年八月一日之敵情如左

I. 除非敵在中國東南部有多餘兵力，則對柳州－南寧地區將無法增援。

II. 湘西戰事告一段落後，敵將在中國東南部留駐一師之兵力作總預備隊，其駐在區可能留於零陵－衡陽地區內。

III. 敵可能在柳州－南寧地區抽調一師之兵力開赴
越南。

IV. 敵除非抽調長江以北之部隊前來接防，或將獨
立旅改編為師外，否則我在湘桂粵戰區以白塔
計畫兵力對柳州－南寧地區攻擊時，敵恐無較
大之增援部隊能與我軍對抗也。

（II）敵空軍之實力與部署

（1）在中國東南部以及鄰接地區內

敵空軍對長沙－河內走廊地帶之舊有機場並未
取作戰態勢之部署而加以利用，因該項部署頗
非輕易之舉。依據其目前之部署，其將來用以
對抗我白塔計畫作戰之空軍將以漢口－廣州－
香港、海南島、越南等地區為其根據地，至於
其空軍由南京、上海－漢口、臺灣、泰國等
空軍基地作戰時，則全視其能否立刻增調空
軍在華南實施攻防戰之可能而定（參閱附圖
（三）），如一九四五年二月一日第十四空軍
估計敵在此戰區內之空軍實力如下：

停留地點	戰鬥機數	轟炸機數	總數
廣州、香港	85	15	100
海南島	30	20	50
越南（註）	128	28	156
漢口	80	40	120
臺灣	250	75	325
南京	60	15	75
上海、漢口	75	65	140
總計	708	258	966

註：越南敵空軍實力係情報科由其他來源得來，十四空軍之估計
　　不包括此地區。

（2）敵空軍總實力

一九四四年敵陸海軍之空軍總實力，於一月份
有可使用之飛機三、四〇〇架，至九月間增至
超出五、〇〇〇架之總數。由於在中太平洋戰
場及西南太平洋上作戰之消耗，至1945年一月
份止，已減至約四、二〇〇架，其飛機每月產
量估計為二、〇〇〇架，百分之六十至七十五
為戰鬥機，目前已有新式改良戰鬥機出現之象
徵，但其飛行員之作戰效率則極為低劣。我空
軍優勢與敵我傷亡率之比較，均在不斷增加
中。對敵飛機生產之戰略轟炸，現已開始實
施，於一九四五年中可能打擊其飛機生產量。
總之敵於一九四五年中之空軍全力，勢將逐次
減少，但可預期其在華中與東南一帶，於初期
時將在河內、海防、海南島、廣州、香港及漢
口等地區增加活動，但其後將因我方在太平洋
作戰逐次迫近其本土及南京、上海及漢口地區
而受影響。

（3）敵空軍之使用

敵在中國戰場向來使用其空軍協同地上部隊實
施攻擊，僅有時使用其空軍迎擊我方飛機，而
其結果收效至微。於一九四五年中，敵將忙於
增強臺灣與中國東部海岸之防務，其最初將增
強臺灣以南之各地區，漸次及其以北地區。彼
可能使用其在中國及臺灣空軍之一小部，以對
抗我白塔計畫中之空軍作戰。

八、我軍情況

（I）所需作戰部隊數量之估計

　　（1）所有可能訓練裝備而成為勁旅之中國部隊（依據下列方案），均須參加此項作戰。

　　　　I. 一九四五年七月十五日

　　　　　十個師——為主攻用。

　　　　II. 一九四五年八月一日

　　　　　八個師——為助攻用（五個師進攻河內，三個師進攻衡陽）。

　　　　III. 一九四五年十月一日

　　　　　七個師——準備在柳州、南寧地區編組完畢。

　　　　IV. 從一九四五年十一月十五日至一九四六年一月十五日

　　　　　十一個師，另加其餘在本計畫範圍內裝備訓練之部隊。

　　　　V. 迄一九四六年一月十五日為止

　　　　　總共需部隊卅六個師。

　　　　VI. 支援部隊

　　　　　所有砲兵及戰車部隊，均應在詳細作戰計畫中列入。

　　　　VII. 突擊隊

　　　　　在一九四五年八月一日以前，需要經過特別訓練之突擊隊二十個，盡力實施突擊，每隊官兵二百人，總共四千人。

（II）可能調集之部隊（參照附圖（四））

　　（1）依據本計畫，亟應訓練裝備以下各部隊參加

作戰：

I. 攻擊部隊

西方面軍	2A 轄 9D、76D、R2D 訓練地點芒市
	53A 轄 H2D、116D、130D 訓練地點 116D、130D 雲南驛 H2D 蒙自附近
東方面軍	18A 轄 11D、18D、118D 訓練地點桃源
	74A 轄 51D、57D、58D 訓練地點武岡
中部方面軍	13A 轄 4D、54D、89D 訓練地點貴陽
	71A 轄 87D、88D、91D 訓練地點獨山、都勻
	94A 轄 5D、43D、121D 訓練地點芷江、晃縣
總預備隊	5A 轄 45D、96D、200D 訓練地點昆明
	N6A 轄 14D、N22D、169D 訓練地點霑益、安順
	8A 轄 H1D、166D、103D 訓練地點陸良
	54A 轄 8D、36D、198D 訓練地點安龍、興義
隸屬不明之部隊	73A 轄 15D、77D、193D 現駐藍田（新化附近），訓練地點不詳

總計：十二個軍、廿六個師（若在一九四五年八月一日
　　　以前補足編制人數，則總共約五十萬人）。

II. 防禦部隊：所有在中國戰區陸軍總司令部指揮
　　之下，在雲南、貴州及湘西之各部隊，迄今尚
　　未改編及補充者，計畫於將來再予裝備訓練，
　　以參加日後之作戰。目前該項部隊約有三個
　　軍，共十個師，如下表：

52A 轄 2D、25D、195D	駐地文山、蒙自、箇舊
第二路軍轄 T20D、T21D、T22D	駐地文山、蒙自、箇舊
60A 轄 182D、184D、T18D	駐地文山、蒙自、箇舊
93D	駐車里

（2）

I. 依據中國之戰鬥序列（阿爾發計畫內之部隊除外），以下各部隊應可隨時發動掩護戰鬥或作游擊活動，並於以後從事攻擊作戰。

湖北（六戰區）	八個軍轄十九個師（實力約一六〇、〇〇〇人）
四川及黔北	八個軍轄二十個師（實力約一八〇、〇〇〇人）
陝西、山西、甘肅及豫西	十八個軍轄四十三個師（實力約三六〇、〇〇〇人）
黃河以北－平漢路以西	廿八個軍轄七十二個師（實力約五六〇、〇〇〇人）
華東（長江以北）	七個軍轄十四個師（實力約一四〇、〇〇〇人）
東南部（長江以南、粵漢路以西）	十六個軍轄四十五個師（實力約三二〇、〇〇〇人）
總計	八十五個軍，轄二〇八個師（實力約一、七〇〇、〇〇〇人）

II. 目前缺乏裝備，尤以步機槍子彈為最，故最好僅使用上述部隊百分之十至百分之十五為度，而彼等發動掩護戰鬥之成效如何，端視其部隊之整編補給以為定。尤以步機槍及彈藥須由主戰區撥讓，或只得利用鹵獲敵方之武器。

III. 據觀察員由湖北及湘北報告，該處之部隊已採用美式訓練方法，且為良好之部隊，若補給適當之軍需品、裝備及彈藥，預料足以防範敵軍逆窺重慶。

IV. 在一、二、五、八各戰區之部隊已構築防線，防止敵人由黃河之線向西南進攻。但據報告，

此項部隊僅有百分之十之裝備。

  V. 在華東之部隊，僅足擔任游擊作戰，此項作戰
於適當之時機，應與突擊隊之活動相配合。

（III）所需空軍之估計

  （1）為截斷敵後交通線（長江下游包括漢口及其以
北之陸路交通）及協助長江以北之地面部隊，
保護機場並發動空中攻勢，計算需要下表所示
之空軍部隊，自成都及黃河河曲地區（包括老
河口）出勤作戰。

一個重轟炸大隊	美空軍在補給允許之條件下可增為兩個大隊
兩個單引擎戰鬥機大隊	美空軍
一個中型轟炸大隊	美空軍
一個 P-38 戰鬥機大隊	美空軍
一個夜間驅逐支隊	將擴充為一中隊

  （2）下列部隊以華中區為基地（芷江至重慶及長江
上游），攻擊敵方漢口、衡陽間之交通及敵機
場，並在活動半徑之內攻擊長江下游交通，擔
任陪都積極防空任務，並直接支援在湖南作戰
之地面部隊。

一個重轟炸大隊	中國空軍
一個中型轟炸中隊	中國空軍
一個戰鬥機大隊	中國空軍
一個中美混合中型轟炸大隊	
兩個中美混合戰鬥機大隊	

  （3）下列部隊以南方地區為基地（芷江以南及以
西），攻擊敵衡陽、河內間鐵路及公路運輸，

並由越南沿海及西江通達廣州、香港之交通，並反攻敵控置於中國東南部及越南北部之空軍部隊及設施，保護我方機場並直接協力地面部隊作戰。

一個中轟炸大隊	美空軍
一個單引擎戰鬥機大隊	美空軍，將來補充一個 P-38 戰鬥機中隊
一個夜間驅逐支隊	將來擴充為一中隊

（4）在後期作戰中，應依據敵軍抵抗之強弱及敵軍工事之性質，自北方作戰區抽調必要之重型及中型轟炸機，以增援上節所述之各部隊。

（5）運輸機：第十四空軍司令官曾提出為增強中國境內之空中運輸，空運司令部之中國總隊在四月間需要補充 C-47 式運輸機卅五架，十四空軍除已增撥兩個運兵中隊及一個運貨中隊外，在五月間尚需要補充 C-47 式運輸機廿五架（一個運貨中隊）。在作戰後期，南方之空軍將向東方推進，前方基地之補給又更將繁重。故考慮在克復柳州並修復該處機場後，建立通達呂宋之空運線，如此則可增加輸華物資噸位不少。此項新增之物資，即可貯存於前方作戰地區，以應急需。

（IV）可能調集之空軍數量

（1）戰區空軍

當實施本計畫時，戰區空軍將包括美國十四空軍（中美混合團在內）、中國空軍及美國第十

空軍之前進梯隊。飛機種類實力及在 1945 年內預期擴充之進度如附錄（二）所示。上舉各空軍實足以應本計畫之所需。

（2）十四空軍

在開始攻擊之前，十四空軍應由印緬調回其所轄之兩個中隊（一個單引擎戰鬥機中隊及一個中型轟炸機中隊）。在 1945 年五月下旬預計可由印緬戰區調回一個 C-47 式運貨中隊。

（3）中國空軍

在開始攻擊之日，預計中國空軍具備新近裝備之 P-51 式戰鬥機大隊（目前使用 P-40 戰鬥機）一個，現有之 P-40 戰鬥機大隊（僅可部分使用）一個，中型轟炸中隊一個，B-24 重轟炸大隊一個（在美國訓練，即將完成）。

（4）第十空軍前進梯隊

預計於海口打通後本戰區即可獲得適當之作戰物資，戰區美軍總司令之決策，為在本戰區內建立兩個空軍——一個戰略部隊、一個戰術部隊。基於此項決定，故擬將現駐印緬之第十空軍調來中國。此項調動，自只能逐漸實施，當印緬戰區不再需用該空軍，而在本戰區可能補充一切需要時，第十空軍之作戰及勤務部隊即可調華。若具備適當之基地及補給品，則此項戰略空軍即可遠襲敵後方作戰基地及中國遼闊陣線之敵軍，並可配合戰術空軍破壞敵之交通運輸。為達成此項目的，預料在本計畫第一期

作戰之際或其以前，至少可將第十空軍之一個單引擎戰鬥機大隊及一個中型轟炸大隊組成前進梯隊，使用於本戰區，由十四空軍司令官指揮。在作戰後期，調華進度雖難逆料，但第十空軍可能增援一個 P-38 戰鬥機中隊、一個轟炸大隊、一個夜間驅逐中隊。

（5）第十空軍之再度增援

在第三期作戰期中，預計在緬敵軍已全部肅清，以後中印空運線唯一可能之威脅，乃來自泰國及越南，而以華南為基地之我空軍，極易應付此項威脅，故在印緬無再控置戰鬥機群之必要。若呂宋華南間之航線打通，則輸華物資得以增加，益以適當之空軍基地，第十空軍之另一戰鬥機大隊，即可進入中國使本戰區擁有美國戰鬥機六個大隊。

（6）在適當之時機，視第十空軍調華之進度而定，本部（指美總部）擬指派一戰區空軍司令官及少數參謀人員，以協調各部隊之作戰。彼將有權指揮戰區內所有之美國空軍，並於呈報委員長核准之後，經由中國空軍司令官管轄中國空軍之作戰，以求協調。

（7）空軍之貢獻

I. 依據前節之部署，戰區空軍應能有效的協助地面部隊作戰，中國空軍（包括中美混合團）以北部及中部為基地，除擔任空防打擊敵空軍之任務外，更應出動摧毀敵後方之倉庫、堆積所

及其他設施，並截斷擾亂敵方通達華南之主要
交通線。

II. 在作戰初期，美國空軍一個中型轟炸大隊及
三個戰鬥大隊將盡力阻撓敵瀕接戰地（衡陽
以南）交通線上之部隊及軍品運輸，攻擊敵部
隊集中地區、敵軍司令部及軍品集散地等，同
時協助地面部隊作戰。在第三期以後，地形、
天候均將改善，與地面部隊之協力更可加強，
屆時或應依戰術情況之進度，將北部及中部之
重型及中型轟炸機增援南部作戰。若是時補給
充分（假定呂宋－柳州之航線已通），則戰區
空軍可能再由第十空軍撥調增加一個重轟炸大
隊、一個P-38戰鬥機中隊及一個戰鬥機大隊。

（8）可能使用之機場

實施本計畫之空軍作戰時，深覺戰區機場尚不
敷用，目前計畫為根據八月一日以前在本戰區
內現有之機場正在修築或改善，及擬議修築
中之機場而草定（機場種類如附圖（三）所
示），圖中更標明由各機場至主要目標之距
離，及在我空軍活動範圍內敵方主要機場之位
置（包括我方在西南地區前所損失之機場及可
能為敵利用之機場）。

（9）前方機場之警戒

對於前方現有之機場及正在興築或擬議修築機
場之警戒，實應予以深切之注意。據近日情
報，敵以加強兵團向西推進，企圖奪取老河

口、安康、西安機場之舉大有可能。該等處現有及擬築之機場，實為北方最主要之戰鬥機及中型轟炸機之基地。由各該處出動向敵之漢口以北公路、鐵路交通線之遮斷攻擊，對於本計畫之實施至為迫切。故吾人應盡一切手段確保該項機場。至百色機場之形勢，亦與上述各地相同，為避免誘導敵之攻擊計，目前最好少由該地出動，俟我陸上部隊足以確保該機場之時再行利用。

（10）機場工兵部隊之準備

為求迅速修理收復之機場跑道及整補前方之機場，並早日完成擬修之機場，有效的保管現有之機場計，預計尚需增調兩個美國機場工兵營從事工作，其一可在月內調來，其餘一營可於六月一日左右調來，此項部隊現駐印緬戰區，抽調或無問題。

九、指揮與連絡（見指揮系統表）

（I）一般的

全般的指導及方針，須由委員長會同中國戰區美軍部總司令決定，中美指揮系統雖有分別，但設有中美聯合參謀會議以為建議機構。關於與中太平洋區及西南太平洋區協調之責，由戰區美軍總司令負之。

（II）陸軍

（1）中國陸軍由中國陸軍總司令指揮管理，並指導

其參謀人員執行委員長與美軍總司令商定之一切方針。

（2）中國作戰指揮部美國司令官（即麥克魯）及其參謀人員，應盡力協助中國陸軍總司令辦理作戰準備事項，並為美軍總司令之私人代表協導本計畫之實計。

（3）指派中國作戰指揮部之美國軍官，參加師以上各師級單位之參謀組織（師包括在內），建議協導中國部隊作戰。

（III）　空軍

在作戰初期，十四空軍司令官依奉美軍總司令指示之方針，指揮所有美國空軍及中美混合團，並以中國空軍參謀長之資格協調中國空軍作戰，並應力求與中國作戰指揮部司令官（即麥克魯將軍）、後勤司令官（即啟夫司將軍）協調關於空軍作戰事宜。在適當時機依照第十空軍調華之進度，成立戰區美國空軍司令部，屆時如前節所述，該部司令官亦應與地面部隊及後勤機關協調關於空軍之作戰事宜。在呈准委員長之後，該員並應經由中國空軍司令官協調與中國空軍之共同作戰。

（IV）後勤

（1）美國後勤司令官應依據美軍總司令所決定之方針，指揮所有補給及運輸機構，以支援本計畫之實施，並應與中國作戰指揮部司令官及十四空軍司令官密切協調。

（2）美國後勤司令官應給予中國後勤司令官直接之
　　援助與協導。

（3）美國後勤司令官與十四空軍司令官（以後當為
　　中國戰區空軍司令官），應協同負責補給品之
　　運輸與在中國境內之分發事宜。此項事宜，係
　　指以飛機輸送或投擲而言，輸送或投擲之目的
　　地，應由中國戰區作戰指揮部司令官及十四空
　　軍司令官協商決定之。

十、補給與後送

（I）戰術上之考慮事項

　（1）我軍

　　　實行戰術上考慮事項所預定之時期為：

第一期	預擬攻擊開始日期為一九四五年八月一日
第二期	一九四五年九月一日
第三期	一九四五年十一月十五日
第四期	最遲為一九四五年十二月十五日

（II）後勤及其它因素（參看附錄（五）各表）

　（1）物資之補充

　　　I. 維持各部隊所需之噸量——見附表（一）

　　　II. 可利用之數量（手中現存量，在印度以及運印
　　　　途中之數量）——見附表（二）

　　　　1. 在中國之裝備百分率約百分之卅屬於軍械部
　　　　　分，百分之四屬醫藥部分。

　　　　2. 在印之裝備約百分之卅五屬化學戰用品，百
　　　　　分之五屬軍需物資。

　　　　3. 由美運來之裝備約百分之八十三屬軍需物

資，百分之四十二屬軍械。

III.可利用之裝備與補給品

  1. 為求於一定時間內利用在印之最初裝備以裝備中國之美械師，必須迅速採取適當行動，其所需之項目與採取之行動，已分析而詳列之矣。

  2. 簡言之可包括：

    子、請美國軍械分配局立撥所經規定之最初裝備。

    丑、請優先海運以運送所選定之物資。

    寅、請美陸軍部指定未經分配之物資項目。

  3. 已辦事項如下：

    子、關於所有中國軍隊之最初裝備，美陸軍部對印緬之請求已表示同意，並允於1945年上半年內運達印度。

    丑、三月與四月份所指定空運之步機槍及迫擊砲，總重為一、二〇〇噸。

    寅、一部分之步機槍、彈藥與載重汽車已指定優先海運。

    卯、未經以前指定而目前所需增加之物資項目已作初步進行，以求得海陸軍部之同意。

IV. 可能使用之補給品如下：

  1. 第一類（糧秣飼料等）

  美國可在印緬區內供備糧秣總數三分之一，其餘糧秣及全部飼料則由中國供應之。

2. 第二類（裝備配賦表，武器基本配賦量，以及裝備損耗補充量等）

凡由裝備配賦表中所列各項補給品數量，均可在印度獲得使用之。其它項目，須由中國方面在中國裝配之。

3. 第三類（汽油、機油、滑油等燃料）

汽油、機油、滑油等項，均可在印緬獲用之，中國境內每月可得酒精一百萬加侖（三千噸），柴薪由當地取得之。

4. 第四類（特殊裝具）

可於印緬獲用之。

5. 第五類（彈藥）

除中國部隊本身所有之彈藥外，均可於印緬獲用之。

V. 對上述各項物資之獲得，已採取必要之各種手段。

（2）後送──見附表三（醫藥估計）

I. 與中國部隊有關之各項問題，條件如下：

1. 人員馬匹傷亡之估計。

2. 鹵獲物資之處理。

3. 俘虜之處置。

（3）運輸

I. 空運

1. 駝峰噸位──見附表（四）與附表（五）（所需噸量與可利用噸量）。

2. 中國境內之輸運──見附表（六）。

　　II. 汽車運輸——見附表（六）

　　　　1. 公路運輸力——見附表（八）。

（4）勤務部隊與人員

　　I. 附表（四）詳示在印之部隊及其可能到達之日期，預計少數「重行展開」之部隊，在情況未明之前，將留駐印度或其現在駐地。

　　II. 工兵部隊需要品見附錄（四）之附則中。

　　III. 衛生部隊需要品見附表（三）、（四）。

　　IV. 化學戰部隊需要品見附表（七）。

　　V. 軍械部隊需要品見附表（四）、（九）。

　　VI. 空軍部隊需要品見附表（十）。

　　VII. 獸醫部隊需要品見附表（十一）。

　　VIII.後勤部隊人員需要品見附表（四）。

（III）補給與後送計畫之主要事項

　（1）裝具與補給之運入中國

　　I. 就估計噸量（長程與短程駝峯道路以及油管線）與目前設備而論，可由二月中之四一、〇〇〇噸增至八月中之六六、〇〇〇噸（見附表（十一）），註。

　　II. 如以短程噸量計，則在八月中可增為七三、〇〇〇噸。

　　　　註：長程駝峰運量，指由印運蓉之數量，短程指由印運昆之數量。

　　III.現在中國與將到中國之美軍部隊及人員所需之噸量，將由二月中之二七、〇〇〇噸增為八月中之五三、八〇〇噸，估計在十二月中將增為

六〇、六〇〇噸（見附表（四））。

IV. 由目前設備所能利用之噸量，減去美軍部隊及
人員所需之噸量，則在本計畫中每月平均有一
〇、〇〇〇噸，以為裝備及補給中國軍隊之用。

V. 在實行本計畫時，中國陸軍部隊所需之噸量，
每月為二〇、〇〇〇噸至四〇、〇〇〇噸（見
附表（五））。

VI. 基於上項之估計，中國部隊不足之噸位，在四
月中將為一〇、〇〇〇噸，十月中將為三三、
〇〇〇噸。

VII. 上述不足之噸量未包括下列各項：

1. 由緬運華之中國遠征軍與駐印軍各師，估計
所需噸量一三、〇〇〇噸，就此噸量計，印
緬戰區須以七、五〇〇噸運輸之。

2. 援助中國突擊部隊之作戰，每月約需五〇
〇噸。

3. 由中國戰場轉運第二十長程轟炸隊，需要汽
油、機油、滑油之噸量為一、六〇〇噸。

VIII.

1. VI 項、VII 項中所述不足之噸量，可由一部
分之空運與公路運輸補助之，希望該項運量
能超過現在之估計或不免過低也。

2. 其餘不足之噸量，必須由史迪威路空運指揮
部駝峯航線以及擬設之呂宋－柳州間航線補
足之。設歐洲戰事於一九四五年五月十五日
終止，則上述之兩種方法可能遂行，如此則

可解除 C-54 式運輸機以使用於空運指揮部之中印團中，以期在運輸量十分不足時，能獲新增之噸量可供使用。

IX. 假使在準備詳細計畫時，無法補足以不足噸量，則作戰計畫必將稽延，且須另定時間以保證後勤補給之充實。

（2）中國境內補給品之運輸

I. 本計畫中，陸軍部隊所需在中國境內轉運之噸量，在三月中約為一九、〇〇〇噸，至七月增為三八、〇〇〇噸。

II. 在中國境內之公路運輸力，以有限制的關係，故宜以空運補足之。

III. 預計應有充足之貨機，以為中國境內分配物資之用。

IV. 在第三期中，因交通線之延長，除非能由菲律賓運輸補給品至中國東南部，則計算須增加運輸車七、五〇〇輛始足應付，但河運線如能增長，則此項車輛數大可減少。

V. 中國境內陸軍部隊所需補給品之運輸噸量，經駝峯航線補給者為一四、〇〇〇噸，此外尚須在中國取得酒精三、〇〇〇噸。

VI. 如車輛數量能按時補充，或菲律賓與中國間之空運航線能如時建立，則實行本計畫所需之噸量，即可全部獲得。

（IV）美方對補給上之協助

（1）美方之保管補給與勤務部隊等用以協助此次作

戰者，最好減至最少限度，因在 1945 年秋季前未能增添美國單位來華，故應使用所有之中國人員設備及勤務部隊等，以補救美方人員之不足。

十一、交通線　（交通線與工程計畫之詳細說明，參閱附錄（四））

（I）第一交通線：昆明－貴陽－柳州－賀縣－香港（見附圖（五））

(1) 此線長一、六一七哩，大部路程穿越困難之山地，但在各種氣候下仍能通行，目前運輸量每月二十四輛卡車（每日六十噸），工程計畫擬增加運輸量至每月二五〇輛卡車（每日六二五噸），全程有十一處需用橋樑或渡口。

(2)

I. 由昆明至霑益之一公尺狹軌鐵道亦可應用，目前之運輸量每月六千噸，若調用由昆明至蒙自之車廂，則每日運輸量可增至四〇〇噸。

II. 由廣州至香港之鐵路在敵人使用中。

III. 由都勻至柳州業經破壞之鐵路路基，可改作汽車路，由曲江至廣州一段可作額外另闢之路。

IV. 由廣州至香港及廣州以西之西江，均可充水運之用。

V. 在攻勢發動之前，將從事改良第一交通線並保養之。如情況許可，則盡量向貴陽以南推進修築工作。

（II）第二交通線：昆明－百色－南寧－梧州－香港
（見附圖（五））

（1）此線長一、一八五哩，大部穿越起伏之山地，目前其中有數段尚未修築，此線需通過五處河流，必需設置渡口或橋樑。

（2）工程計畫擬使此路每日運輸量增為二五〇輛卡車（六二五噸）。

（3）與此路平行之西江，由百色至南寧一段，二十噸之汽船可以航行；南寧以下則一百噸之汽船可以航行。此河流之運輸量，將以運輸工具之數量而定，此實為最好供應路線。

（4）如上所述，由廣州至香港有水運可資運用，但由廣州至香港之公路與鐵路，概為日寇占用。

（5）於攻勢發動以前，由昆明至百色之第二交通線，將予以改良並維護之。

（III）第三交通線：昆明－貴陽－芷江－寶慶－衡陽－長沙

（1）此線全長一、三二一哩，並通過一部分之困難地形，但於乾燥氣候時均能通行。最後一五七哩之公路，則已於最近破壞。每日運輸量為一四四輛卡車（三六九噸），工程計畫擬增至每日二五〇輛卡車（六二五噸）。有三處須建築橋樑或渡口，由昆明至霑益之一公尺狹軌鐵道可以同時應用，目前運輸量為每月六千噸，若調用昆明至蒙自之車廂，則每日可增至四百噸。

（2）由馬場坪至芷江一段，於一九四五年八月十五

日發動牽制攻勢以前，應竭力改良，俾資運用。

（IV）第四交通線：昆明－老街－河內－海防

（1）目前此線僅長五三五哩，由蒙自至老街一帶僅能利用驛運，其主因由於缺乏公路、鐵道以及水運之設置。根據工程計畫，對蒙自至老街段加以改進，其運輸量至少每日能有二五〇輛卡車（或六二五噸）。由蒙自以南至紅河一段之步小徑，為目前商務上之通路，反之目前由蒙自至昆明及由老街至海防二段，現有交通工具實能超出所期望之運輸量。

（2）此線亦將予以必要之改進，以能符合本計畫之要求，俾能於一九四五年八月十五日攻勢發動以前使用之。

十二、地形、天候、海港（參閱附錄（六））

（I）地形

（1）河川

全區河川可以歸納為三大河流，北江－由北向南流入廣州區；西江－由百色向東流入廣州區，其主要支流則有通至柳州、桂林者；紅河－由滇南向東流入河內，流入河內區其支流則有黑河在紅河之南，並行流入河內區。

（2）稜線

全區並無有系統之稜線，均屬丘陵及山地。稜線較為明顯者，為由百色至南寧沿西江之稜線，以及沿紅河之稜線。

（3）本計畫作戰地域之地形，乃係丘陵與山岳地帶，除西江下游廣州附近外，無平坦廣泛之流域。山岳孤峯遍布全區，且大部地區均屬不毛之地，間或僅存雜草小叢林而已。由於地形崎嶇之故，遂致道路稀少，並均灣〔彎〕曲陡峭，山中有甚多小徑，且多較公路短捷。

（4）全區地形幾均為理想防禦地形。崎嶇山地概用步小徑與騎小徑聯絡，故其在防禦戰時之觀測通信，均較攻擊時為簡易，且對防禦部隊具有良好掩護與警戒，射界大都受地形之限制。戰術走廊地帶甚少，其主要者，有北江下游、西江下游、百色、南寧之西江一段，以及紅河、黑河流域。能使用機械化部隊作戰之地形亦甚少，僅有百色、南寧之走廊可以適用，廣州與河內之平坦地區內均受水田之限制，機械化部隊僅能限於在公路作戰。反之，其在防禦機械化部隊之作戰，則均屬良好。

（5）在交通線上之重要地形甚少，而有二個良好走廊，百色至南寧與老街至河內，二者之間以百色、南寧為最重要。若占領後向東可以進擊香港，向西南可以攻略河內。柳州、桂林地區在中國東南部中為較好攻取之地區，因此地區大部僅有星散而不毛之小丘陵而已。占此地區可以增加幾個良好之機場。廣州以北卅哩至曲江以南七十哩之廣大地區均為地形複雜且有叢林密布，其在攻擊上將受莫大之障阻。

（6）地形對戰術上之影響

　　I. 全般作戰以山砲、迫擊砲與火焰噴射器為最有價值之武器。

　　II. 由於交通運輸之困難，來源之缺乏，且無適當之技術人員，故築路機器雖屬迫要，故只得摒棄不用。而築路工程將由中國工兵營使用其原有器材，由當地民工協同修築。

　　III. 射界因受地形複雜之限制，故將主要使用輕兵器、自動武器與迫擊砲等武器作戰。

　　IV. 敵人使用機械化部隊實施逆襲之可能性甚少，且僅限於某特殊地區而已。

　　V. 在比較通達二攻擊目標之交通線之餘，以經過南寧之第二交通線為最重要。

　　VI. 由於交通路線之不敷應用，必須充分利用水運、空運。關於碼頭設備，將於攻擊時由工兵構築；前進機場將於占領後，由美國空運工兵營立即修復之。

（II）天候

　（1）雨季之影響－五月十五日至九月十五日

　　I. 作戰時河水均將高漲，需用構築河面較寬較深之架橋器材與渡船、渡河器材。

　　II. 道路情形將為最壞之時期，需特別設法保養之，需用之輕便碎石機已在工作計畫內計及。

　　III. 在雨季作戰，瘧疾將在全區蔓延甚廣，此須對中國軍隊施以特別防範之訓練。

　　IV. 因屬農民耕種時期，民工將感缺乏。

（III）海港

對各海港之詳細研究正在進行中，此將於來日分發。

十三、總論

（I）優點：本計畫之主要優點，總結如下：

（1）可早日有效的使用由空中、陸路及輸油管輸入中國之作戰物資。

（2）攻擊係指向敵軍脆弱部分。敵軍之補給完全賴於綿長的、有限的內陸運輸，而易遭我空軍及游擊隊之擊。

（3）攻擊之時機，選定為敵軍忙於以陸空軍增援東南沿海地帶之際，因之不易分遣兵力或軍品前來增援。

（4）僅需至低之輸力，即可使各部隊由整訓地區就攻擊準備位置。

（5）可截斷敵軍通達越南之陸上交通線，因敵人倚賴此線補給，或撤退越南、泰國及其以南地區駐軍之唯一路線。若此線截斷後，則敵軍強據華南之價值大為減少。

（6）取得海口後，即獲有通達東南各地之走廊，而後連貫由海口通至華中地區之交通線。

（7）取得海口後，即可獲得大量裝備及軍品，以從事以後大規模之反攻。

（8）攻勢規模相當宏大，華軍為作戰主力，若攻勢成功，擊潰駐華敵軍，實可提高中國軍民

士氣不少。

（9）當北太平洋戰事緊張之際，此項攻勢足以牽制華南之敵軍，對於太平洋上盟軍之作戰，助力甚大。

（10）占領柳州、南寧地區後，在作戰初期，除可建立呂宋、柳州間之空中輸線，得以取得更多的物資，供應前方部隊之作戰。

（II）劣點

（1）為求與太平洋盟軍主力配合，本攻勢須提早施行，而我軍裝備訓練齊全者，僅十五至十六個師。

（2）在作戰地區，地形複雜利於敵軍防守，尤以第一期作戰為然。

（3）作戰地境內交通線甚少，且多受限制，又無法維持大量運輸機之活動，故須盡一切手段，發揮陸上運輸效率。

（4）在第一期作戰中，氣候將異常惡劣，且山地起伏，雲層甚低，通視困難，均將使戰地上空之空軍活動大受限制，故在作戰初期，空軍僅能給予地面部隊極少量之直接支援。

（5）在廣州、衡陽、桂林間之敵軍未完全肅清及其間鐵路未收復前，由海口至華中地區之交通，仍極受限制。

（III）實施之可能性

權衡我方之實力及敵方之所遭遇之困難，認為本計畫實屬可行。我方最急切之問題為如何將補給

品運入中國，並分運至陸空部隊以應其所需，若盡力發揮中印航空、陸上及油管之輸力，再配合呂宋－柳州間之空運，預計可能取得戰區所需之全般物資。至於在國內如何分運之各種困難，亦可盡各種手段（如加強汽車運輸、河道、獸力及人力等運輸）以獲解決。

（IV）時間之因素

為顧及下列各事項，本戰區之攻勢應在可能範圍內盡速提前發動。即：

（1）本戰區迫切需要打通一海口。

（2）目前中太平洋區及西南太平洋區盟軍之作戰進展極速。

（3）敵人或將重新調整其部署以從事在本戰區內攻擊及防禦作戰。

（4）敵人或擬於此期間，利用河內、南寧之通道，由荷屬東印度、馬來半島撤退其駐軍。

計算以十五個至十八個裝備訓練齊全之師，即足以發動攻勢，而此項部隊在一九四五年八月一日以前可準備完畢，故預定開始攻擊之日期為八月一日。

十四、結論

（I）本計畫之優點多於劣點。

（II）本計畫可以實行，並可早日適當的使用重新訓練裝備之中國部隊與戰區空軍，協調發動攻勢作戰。

（III）預擬最善開始攻擊日期為一九四五年八月一日。

十五、建議

（I）本計畫應呈報委員長核准。

（II）若奉委員長核准之後，應將本計畫分別抄送美國
參謀總長、中太平洋區總司令、西南太平洋區總
司令及印緬戰區總司令以作參考，並應分別抄知
中國陸軍總司令、中國作戰指揮部司令官、中國
空軍司令官、十四空軍司令官以為擬定陸軍、空
軍詳細作戰計畫之根據，並應與美國後勤司令官
及中國後勤司令官密切協調。

（III）呈經委員長核准之後，發交擬定作戰及後勤詳細
計畫之時，即應進行各種準備工作，以求本計畫
得如期實施。

附錄　白塔作戰計畫綱要

附錄甲　一九四五年五月十五日盟軍由昆明－貴陽地區
　　　　　發動攻勢時，情報廳對敵人兵力作戰力之判斷：

甲、倭寇現時兵力與配備

（一）兵力（湖南、廣西、廣東地區）

（甲）地面

　　　子、已證實者有十二師（第三、十三、廿二、
　　　　　廿七、卅四、卅七、四〇、五八、六四、
　　　　　六八、一〇四、一一六師）

　　　丑、已證實者有三獨立混成旅（第十七、廿
　　　　　二、廿三旅）

　　　寅、已證實者有三獨立步兵旅（第七、八、十
　　　　　三旅）

　　　卯、據報尚未證實者有一獨立步兵旅（第十
　　　　　四旅）

　　　辰、已證實者有三坦克車團（第三獨立坦克車
　　　　　團、第三坦克車師之第五旅）

　　　　　總計兵力共約十五師

　　　　　作戰兵員十八萬九千人

（二）配備

（甲）地面

　　　子、由洞庭湖至零陵一線防禦之兵力共三師

第六四師	由洞庭湖至湘潭
第一一六師	寶慶地區
第三師	衡陽至零陵地區

丑、由桂林至越南邊境一線防禦兵力共四師

第五八師	桂林地區
第十三師	柳州河池地區
第三七師	柳州南寧地區
第二二師	南寧龍州地區

寅、警備部隊

兩個師：

第六八師	耒（或南）（恐錯）陽以南至宜昌
第三四師	衡陽－茶陵－安江地區

三－四個獨立步兵旅：

第七旅	南昌－九江地區
第八旅	廣東地區
第十三旅	西江地區
第十四旅	廣東之東南？（尚未證實）

三個獨立混成旅：

第十七旅	岳州地區
第廿二旅	廣東西南地區
第廿三旅	雷州半島（據報主力已移至海南島，但尚未證實）

卯、作戰部隊

第廿七師	遂昌？－贛州地區
第四〇師	樂昌以東地區
第一〇四師	清遠以北至曲江東北地區

乙、一九四五年五月十五日以後，敵可能增援兵力之判斷

（一）地面

（甲）漢口地區一師（可抽調）

（乙）中國北部一師或二師（可抽調）

（丙）由日本增援三師

（丁）由東三省增援三師

（戊）由中國北部可抽調裝甲師半師

（己）由獨立混成旅與獨立步兵旅編成三－四師

（庚）調動所需時間（由現在位置至桂林南寧地
區行軍（運輸）時間之估計）

子、由漢口運輸之師　　三－四星期

丑、由中國北部運輸之師　四－六星期

寅、由日本運輸之師　　　一師需十－十二星期

三師需十二－十五星期

卯、由東三省運輸之師　　比由日本運輸少二星期

辰、由旅編成師　　　　　漢口地區需三－四星期

廣東地區需二－三星期

丙、補充（替代）

（一）地面

普通兵員，損失消耗之後備兵力約為編制人數百
分之廿，如此始可維持部隊之戰鬥力。

丁、敵人作戰力（桂林－柳州－南寧－越南地區）

（一）在此地區敵防止盟軍進攻可能使用之兵力

（甲）阻止盟軍由貴陽經河池、宜山以及柳州之攻擊

子、倭軍或以現在此地區之第十三師守衛此
地區，因此地區之地形適於採取守勢，
故倭寇或由南丹至雷平一線取防禦態勢，
以一師兵力即可阻止優勢之我軍前進。
可使用之作戰兵力共為一萬五千人。

丑、倭寇可能增援此地區之兵力來源

（子）由駐桂林第五八師中抽調

第五八師為警備師，是否能調用為作
戰部隊還係問題，可能抽調兵力共約
四千人。

（丑）由駐柳州至南寧間之第卅七師中抽調

第卅七師可抽調一－二團或四千人－
八千人。

（寅）由駐南寧之第廿二師中抽調：

第卅七師抽調一部後，第廿二師是否
能再抽調還係問題（該二師為鄰接部
隊），然而必要時四千人可以抽調。

（卯）調動所需時間

五八師調動需七－十日。

三七師調動需五－十日。

廿二師調動需十－十四日。

（乙）阻止盟軍由昆明經百色至南寧之攻擊

子、倭寇或以在此地區之第廿二師守衛此區，
因此地區之地形並不如南寧至雷平一線之
有利，倭寇如欲防禦，勢必需增援部隊始
克有濟。

可使用之作戰兵力共為一萬二千人。

丑、倭寇可能以鄰接部隊之兵力增援此地區

（子）駐柳州地區之第十三師：

因第卅七師係鄰接部隊或可抽調，然
第十三師也許會抽調一部用以代替第

卅七師增援第廿二師。

（丑）駐柳州、南寧間之卅七師

第卅七師大部或可用為保衛南寧地區，

可使用之作戰兵力共為一萬二千人。

調動所需時間：三－七日。

（寅）駐越南北部之第廿一師

廿一師之一、二團或可增援南寧地區，

但此部隊之兵力也許會用為攻擊盟軍之

側翼，較增援南寧之意義為大。

可使用之作戰兵力為四千－八千人。

調動所需時日：增援南寧，五－十四

日；攻擊盟軍側翼，十－廿一日。

（丙）阻止盟軍由上述兩路同時之攻擊

子、倭寇可能企圖以原駐在地之兵力阻止

盟軍之進擊，即第十三師防衛河池、宜

山地區，第廿二師防衛南寧地區。雖然

因地形關係，河池至宜山地區可如此實

行，但南寧地區即不易如此實行。

可使用之作戰兵力：河池至宜山地區，

一萬五千人；南寧地區，一萬二千人。

丑、倭寇也許企圖同時由各該地區之鄰接部

隊增援河池－宜山以及南寧地區。

（子）河山〔池〕至宜山地區

桂林之第五八師可抽調增援四千人。

桂林以南之第卅七師可抽調增援四

千人。

（丑）南寧地區

第卅七師可抽調增援四千－八千人。

在越南之第廿一師可抽調增援四千－
八千人。

（附記：有各種情報指明第卅七師正
向越南北部進入中，第廿一師正向南
部或西部（越南）移動中，如果此情報
屬實，則以上之估計應隨之而變。）

（二）由其他方面抽調兵力增援桂林－南寧地區

（甲）除桂林－南寧地區之四師外，尚有八個
師、三個獨立混成旅、三個獨立步兵旅
（也許為四個旅）在湖南－廣西－廣東地
區，所有之獨立旅以及四－五師之兵力，
除用為警衛占領地區外，尚餘三－四師兵
力可作其他之用。目下有兩個師正用為進
攻該地區以東之機場，但需一師警衛新占
領之地區，故尚餘三師可用於其他地區。
現時倭軍已占領由汕頭－越南沿海地區，
但警衛兵力非常薄弱，為防衛此地區有效
計至少需兩個師之兵力。如果用地方團隊
防衛時，則可節餘一師用於他方。據情報
以及各種徵象，現駐零陵之第三師很可能
作此用途（防衛沿海地區）。如果倭軍在
湖南地區之攻擊於一九四五年五月十五日
以前結束時，很可能此部隊（3D）將移調
至桂林－南寧地區。如第卅七師移調至越

南屬實時，此種公算更大。如果湖南戰事
在五月十五日前尚未結束，則第三師可能
留駐現地，相機再為調動。

可使用之作戰兵力：一萬五千人。

調動所需時間：調至柳州地區十一－廿日；
調至南寧地區十五－廿五日。

（乙）如果所有之獨立混成旅、獨立步兵旅編為
三－四師，則可用為增援桂林－南寧地區。

可使用之作戰兵力：三萬九千－四萬七
千人。

調動所需時間（假獨立旅編成師後之位置
仍在原駐地點）：由湘北地區需廿－卅日；
由廣東－香港地區需十四－廿一日。

（丙）如果倭寇由緬甸將部隊撤至越南時，此種
部隊亦可成為增援南寧－柳州地區之兵
力。據傳尚未證實之消息，謂有倭軍三師
由緬甸撤至越南，如果倭軍真有三師由緬
甸到達越南，則整編休養需相當時日，
然後始可用於作戰。此三師部隊能否在
一九四五年五月十五日前擔任作戰任務，
還屬莫大之疑問。

戊、結論

（一）除可能使用之兵力外，在桂林－南寧地區將無其
他可增援之兵力。

（二）在湖南戰事結束後，倭寇至少可抽調一師兵力。

（三）可能的倭寇縮減柳州－南寧地區之兵力，以第卅
　　　七師移調至越南。

（四）如果盟軍單獨由昆明或貴陽向香港－廣東地區發
　　　動攻勢，倭寇很可能以現駐該地區之兵力或由
　　　鄰接部隊增援，以阻止盟軍攻勢。

（五）如果盟軍多方面發動攻勢，倭軍可能同時以各該
　　　鄰接部隊之兵力有效增援之。

（六）除有其他部隊增援湖南－廣西－廣東地區或將現
　　　在此區之獨立旅編為作戰師外，柳州－南寧地
　　　區不能有大量部隊之增援。

附錄乙　中國戰區空軍部隊一九四五年之作戰計畫

航空隊	隊數與機型	機種與機數	時間
第十四航空隊	重型轟炸機一大隊	B24 機 48 架	現時
	中型轟炸機一大隊（欠一中隊）	B25 機 48 架	現時
	戰鬥機四大隊（欠一中隊）	P51 機 225 架 P47 機 50 架	現時
	戰鬥機一中隊	P38 機 25 架	現時
	偵察機一中隊	P51 機 25 架	現時
	夜間戰鬥機一個半中隊	P61 機 18 架	現時
	中型轟炸機一中隊	P25 機 16 架	五月十五日前
	戰鬥機一中隊	P47 機 25 架	五月十五日前
	中型轟炸機一大隊	B25 機 48 架	現時
	戰鬥機二大隊	P51 機 48 架 P40 機 48 架	現時，但 P40 在五月十五日前改為 P51
中國空軍部隊	中型轟炸機一中隊	B25 機 12 架	現時
	戰鬥機一大隊	P40 機 50 架	現時，但 P40 在五月十五日前改為 P51
	戰鬥機一大隊	P40 機 40 架	現時，但 P40 在五月十五日前改為 P51
	重轟炸機一大隊	B24 機 30 架	五月十五日前
第十航空隊前進縱隊	戰鬥機一大隊	P38 機 75 架	五月十五日前
	中型轟炸機一大隊	B25 機 64 架	五月十五日前
	夜間戰鬥機半中隊	P61 機 6 架	五月十五日前
	戰鬥機一中隊	P38 機 25 架	五月十五日前
	重轟炸機一大隊	B24 機 48 架	九月十五日前
	戰鬥機一大隊	P47 機 75 架	九月十五日前
	偵察機一中隊	P51 機 25 架	九月十五日前

附錄丙　指揮系統表

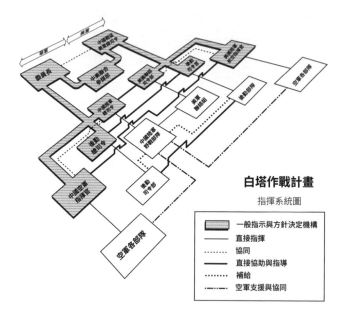

白塔作戰計畫

指揮系統圖

▨	一般指示與方針決定機構
——	直接指揮
········	協同
——	直接協助與指導
········	補給
—··—··—	空軍支援與協同

附錄丁　交通線詳情

「甲」路線

　　　　昆明、貴陽、柳州、曲江、廣州及香港

　　　　全路程長一、六一七哩

第一段：昆明經貴陽至馬場坪，全程四九六哩

　　　　雙行小路，黏土與碎石混成路面

　　　　最大傾斜度 19 %（短距離）

　　　　所有橋樑為 H-10 式（最大荷重十噸）

　　　　美軍運輸隊經常在此段內行駛

第二段：馬場坪至獨山，全程七六哩

　　　　現只可通行吉浦車

　　　　破壞之路段正在修築中，並建築荷重八噸之橋樑

　　　　一九四五年一月卅日可望完成

　　　　雙行小路，黏土與碎石混成路面

　　　　一九四四年十月美軍運輸隊車輛已使用

第三段：獨山經車河、河池、宜山、大塘、柳州、鹿寨

　　　　至荔浦，全程三四八哩

　　　　雙行小路，黏土與碎石混成路面

　　　　最大傾斜度 18 %（短距離）

　　　　最小曲線半徑二三呎

　　　　橋樑荷重五噸

　　　　河池、宜山間有二渡頭，往返一渡所需時間，

　　　　低潮時為二十分鐘，至高潮時為二小時

　　　　需用二座舟橋，一為八〇〇呎長，其他為六

　　　　〇〇呎長

　　柳河渡頭在柳州東七哩

　　低潮時寬八○○呎，往返一渡需時二十分鐘

　　高潮時寬一、三○○呎，往返一次需時二小時
　　（急流）

　　估計需用一三○○呎長之舟橋

　　雒容河渡頭在柳州東一六哩

　　低潮時寬四五○呎，往返一渡需時二十分鐘

　　高潮時寬七○○呎，深四○呎

　　往返需時四○分鐘，高潮時可用汽船渡河

　　估計需用七○○呎長之舟橋

　　柳州東四九哩之渡頭

　　低潮時寬二○○呎，往返需時一五分鐘

　　高潮時寬三五○呎，往返需時四五分鐘

　　估計需用三五○呎長之舟橋

　　柳州東八二哩之渡頭，深一五呎

　　低潮時往返需時一○分鐘

　　高潮時往返需時三五分鐘

　　估計需用二○○呎長之舟橋

　　柳州東八九哩荔浦之交叉路：北至桂林，東至
　　曲江

　　以上所述之渡頭目下只可用一渡船，每次渡河
　　可載 6×6 之運輸車二輛。

　　聞日人最近之進攻與撤退，曾應用此路，華方
　　或日人對此路之破壞情況尚未明。

第四段：荔浦經平樂、賀縣、連縣至坪石，全程二
　　　　八五哩

　　雙行小路，黏土與碎石混成

　　橋樑荷重五噸（單行寬）

　　平樂至八步通常有長途車行駛

　　據報荔浦至坪石有五處渡頭，其寬不過三〇
　　〇呎

　　估計需用三〇〇呎長之舟橋五座

　　一九四四年八月美軍車輛乃藉此渡江撤退

　　華方或日人所作之破壞情況未明

第五段：坪石至曲江，全程九六哩

　　雙行小路，黏土與碎石混成

　　最大傾斜度 12 ％

　　最小曲線半徑二五呎

　　橋樑荷重為 H-10 以上，一九四四年八月美軍
　　撤退時車輛曾經通過，料日人現已使用

第六段：曲江至廣州，全程二一二哩

　　一九四四年七月曲江以南最初一〇〇哩可通行
　　汽車

　　雙行小路，黏土碎石與小石混成

　　最大傾斜度 10 ％

　　最小曲線半徑三〇呎

　　橋樑荷重五噸（容易改良為荷重十噸）

　　曲江以南一〇〇哩後，有六八哩長之路段，已
　　於一九四四年七月卅日破壞。

　　防禦戰車壕溝，如有充分材料，即可填補，殊
　　無問題

　　曲江南一六八哩後，聞有四四哩長之路段，為

一任何季節可行走之雙行路，日人經常使用。

第七段：廣州至香港，路程一○四哩

經石龍鐵橋之鐵路運輸，料已為日本作補給物
品運輸之使用

鐵道：

獨山至柳州（貴州－廣西線）

全程二四八哩

經修改之最大傾斜度 2.7 ％

鐵軌重由六五至八五磅

Cooper 式橋樑，E-55 荷重

現為敵方占據。

「乙」路線

昆明、路南、陸良、師宗、安龍、百色、南
寧、賓陽、鬱林、梧州、三水、廣州至香港
全程一一八五哩

第一段：昆明經陸良至師宗，全程一一二哩

單行小路，填土與碎石混成。

最大傾斜度 6 ％

下水道設備不適宜

由陸良至師宗一段，對軍運似不安全

第二段：師宗經興義（Hsingi）、頂效（Tsingsiao）至
安龍，全程一六二哩

已請求中國政府修築此路

雙行較寬之小路，黏土與碎石混成

最大傾斜度 11 ％

最小曲線半徑二八呎

橋樑荷重七噸。

第三段：安龍經八渡、潞城（Lu-Cheng）、百色至

南寧，全程三五三哩

中國政府於一九四五年一月十日，曾允許修築

由安龍至西隆（Silung）一路。

雙行小路，黏土與碎石混成。

最大傾斜度 12 %（短距離）

最小曲線半徑三〇呎

那弄（Nalung）南八六哩，紅水河渡頭

渡船一隻可容 6×6 運輸車一輛。

低潮時寬三〇〇呎，兩岸為石岸

高潮時寬四〇〇呎，兩岸為石岸

低潮時水流速每小時 2 又 1/2 哩

低潮時往返一渡需時三十分鐘

高潮時（長二五呎）水流速每小時九哩

高潮時往返一渡，需時四小時

估計需用四〇〇呎長之舟橋

木製橋樑荷重四噸半

百色在那弄南一八二哩

在百色渡寧因河（Lingyun River）之渡頭

注意：（Lingyun River）之中文名未能在地圖

尋得，暫譯作寧因河。

低潮時寬一五〇呎，深一二呎

低潮時水流速每小時一哩

低潮時往返一渡需時一五分鐘

高潮時寬三〇〇呎，深二〇呎

高潮時水流速每小時二哩

高潮時往返一渡需時三十分鐘

聞可用五隻渡船，每渡可載 6×6 運輸車一輛

估計需用三〇〇呎長之舟橋

在百色東南二六哩之田州，有渡過洋江

（Yen River）之渡頭

可用渡船一隻，載 6×6 運輸車一輛

低潮時寬一一五呎，深五呎

低潮時水流速每小時一哩

低潮時往返一渡需時一五分鐘

高潮時寬二〇〇呎，深一三呎

高潮時水流速每小時三哩

高潮時往返一渡需時四〇分鐘

估計需用二〇〇呎長之舟橋

百色東南二五・五哩之交叉路，經萬崗、東蘭

至車河

百色東南九八哩一小河之渡頭

以鐵鍊錨定一渡船，利用跳板與渡船，以為低

潮時渡河之用

低潮時寬八〇呎

雨季期，水流可長五呎

高潮時寬一二五呎

高潮時往返一渡需時一五分鐘

據最近報告，由在百色東南七〇哩之那坡至

南寧之道路已破壞

華方或日人對此破壞之情況未明

第四段：南寧至賓陽，路程五九哩

雙行小路，黏土與碎石混成

最大傾斜度 9 ％

最小曲線半徑五〇呎

橋樑荷重五噸

華方或日人對此破壞之情況未明

第五段：賓陽至鬱林，路程一〇〇哩

雙行小路，黏土與碎石混成

最大傾斜度 8 ％

最小曲線半徑五〇呎

橋樑荷重五噸

貴縣之渡頭：

低潮時寬八〇〇呎

低潮時水流速每小時一哩

低潮時往返一渡需時三五分鐘

高潮時寬一、〇〇〇呎

高潮時水流速每小時三哩

高潮時往返一渡需時二小時

可用之渡船數目，尚未詳

華方或日人對此破壞之情況未明

第六段：鬱林至岑溪，路程七五哩

據報一九四四年五月可行駛汽車

華方或日人對此破壞之情況未明

第七段：岑溪至三水，路程一八四哩

據報已完全破壞

梧州渡頭：

低潮時寬一、○○○呎

低潮時水流速每小時一哩

低潮時往返一渡需時四○分鐘

高潮時寬一、五○○呎

高潮時水流速每小時二哩半

高潮時往返一渡需時三小時

可用之渡船數目，未詳

估計需用一、五○○呎長之舟橋

第八段：三水經廣州至香港，全程一四○哩

據報此路經常為日人應用

「丙」路線

昆明、貴陽、柳州、桂林、衡陽、長沙

全程一、三三一哩

第一段：昆明至馬場坪，路程四九六哩

雙行小路，黏土與碎石混成路面

最大傾斜度 19 %（短距離）

所有橋樑其荷重為 H-10（最大荷重十噸）

美軍運輸隊經常在此段內行駛

第二段：馬場坪至獨山，路程七六哩

現可通行吉浦車

破壞之路段正在修築中，並建築荷重八噸之

橋樑

一九四五年一月卅日可望完成

雙行小路，黏土與碎石路面

一九四四年十月美軍運輸隊車輛已使用

第三段：獨山經車河、河池、宜山、大塘、柳州、鹿寨
至荔浦

雙行小路，黏土與碎石混成路面

最大傾斜度 18 ％（短距離）

最小曲線半徑二三呎

橋樑荷重五噸

柳河渡頭（柳州東七哩）

可用渡船一隻

低潮時寬八〇〇呎

低潮時往返一渡需時二〇分鐘

高潮時往返一渡需時二小時（急流）

高潮時寬一、三〇〇呎

估計需用一、五〇〇呎用鐵索牽曳往來渡船
（即滑鋼渡）

柳州東一六哩雒容河渡頭

可用渡船一隻（鐵索）

低潮時寬四五〇呎

低潮時往返一渡需時二十分鐘

高潮時寬七〇〇呎

高潮時深四〇呎

高潮時往返一渡需時四〇分鐘（可用汽船）

估計需用七〇〇呎長之舟橋

柳州東四九哩之渡頭

可用渡船一隻

低潮時寬二〇〇呎

低潮時往返一渡需時一五分鐘

低潮時深五呎

高潮時寬三五〇呎

高潮時往返一渡需時四五分鐘

估計需用三五九呎長之舟橋

柳州東八二哩之渡頭

可用渡船一隻（鐵索）

低潮時寬一二〇呎

低潮時往返一渡需時一五分鐘

低潮時深四呎

高潮時寬二〇〇呎

高潮時深一八呎

高潮時往返一渡需時三五分鐘

估計需用二〇〇呎長之舟橋

上述渡頭之渡船，可載 6×6 運輸車二輛

聞日方在最近之進攻與撤退，常應用此路，

華方及日本對此所作破壞之情況未明。

第四段：荔浦、桂林經零陵至衡陽，全程三〇二哩

雙行小路，黏土、碎石與小石混成

最大傾斜度 7％（較平直曲線）

橋樑：皆單行，其中一座已破壞

（在哩數五三處）

其中有荷重三噸、大部分荷重七噸。

已毀橋樑之渡頭，高潮時仍可應用

注意：（零哩－桂林）

一〇‧七浬處東江河（Tung Kiang River）

渡頭

可用渡船二隻

高潮時寬四五〇呎

高潮時深六呎

高潮時流速每小時四哩

高潮時往返一渡需時二五分鐘

估計需用四五〇呎長之舟橋

二七哩大容江渡頭

可用渡船一隻

高潮時寬三〇〇呎

高潮時深二呎

高潮時流速每小時四哩

高潮時往返一渡需時二〇分鐘

估計需用三〇〇呎長之舟橋

一〇〇哩黃沙河渡頭

可用渡船二隻

高潮時寬五〇〇呎

高潮時深三〇呎

高潮時流速每小時五哩

高潮時往返一渡需時三〇分鐘

估計需用五〇〇呎長之舟橋

一三一‧九哩零陵河渡頭

可用渡船二隻

高潮時寬七〇〇呎

高潮時流速每小時七哩

高潮時往返一渡需時三〇分鐘

估計需用七〇〇呎長之舟橋

一六三・四哩吳泗（WuSi River）渡頭

可用渡船二隻

高潮時寬六〇〇呎

高潮時深五〇呎

高潮時流速每小時七哩

高潮時往返一渡需時三〇分鐘

估計需用六〇〇呎長之舟橋

第五段：衡陽經湘潭至長沙，路程一〇九哩

較寬雙行小路，黏土與碎石混成

湘潭渡頭

估計需用二、〇〇〇呎長之滑鋼渡船

接替段：寶慶東一九哩經永豐之交叉路

湘潭至長沙

路程一五七哩

路已破壞

湘潭渡頭

估計需用二、〇〇〇呎長之滑鋼渡船

鐵路：

柳州至衡陽（湘桂路）

全程三二九哩

最大傾斜度 1.1 %

鐵軌－最重為八五磅

Cooper 式橋，荷重 E-35

所用煤須來自衡陽

最大荷重八〇〇噸

衡陽之橋據報已破壞

衡陽至長沙（粵漢路段）

路程一一二哩

最大傾斜度 1 %

最小曲線半徑三四九呎

「丁」路線

公路

昆明、蒙自、老街、海防，全程五九九哩

第一段：昆明、路南、蒙自，全程二〇五哩

雙行小路，泥與碎石混成

最大傾斜度 10 %

所有橋樑為 H-10 式（最大荷重十噸）

渡頭一（改換橋樑中，到達日期一九四五年

三月一日）

第二段：蒙自－老街，全程八九哩

需在舊鐵路基上修築公路

連紅河（Red River）至海防之馱載路線

蒙自－蠻耗　　　　　八小時

雞街－蠻邦（Man Pan）十二小時

蒙自－蠻邦（Man Pan）八小時

第三段：老街－海防，路程三〇五哩

雙行小路，土瀝青，泥與碎石混成路面

鐵路：

第一段：雲南－越南鐵路，昆明－蒙自，路程一二四哩

公尺尺度

運輸量每月由五、〇〇〇至七、〇〇〇噸

第二段：蒙自－老街

已毀之鐵路須改築公路，如上所示

路程八九哩

第三段：老街－海防，路程三〇五哩

公尺尺度

運輸量每月由五、〇〇〇至七、〇〇〇噸

水道

紅河

第一段：包哈（Bul Hai）－安沛（Yen Bay），

路程五〇哩

二〇噸汽船及帆船

第二段：安沛－海防，路程二〇〇哩

一〇〇噸汽船及帆船

紅河之明江支流（Blaine Branch）

第一段：宣光至紅河（越池 Viet Tri），路程五〇哩

一〇〇噸汽船及帆船

第二段：越池－海防（經紅河），路程一五〇哩

一〇〇噸汽船及帆船

注意：包哈在鐵路上，越池在公路上

由南寧至海防之另一路線

由南寧經吳墟（Wuhsu）、寧明、諒山、河內

至海防，全程三一六哩

雙行小路，石、黏土與碎石混成，泥、小石與

頁岩路面

最大傾斜度 14％（短），平均斜度 6％

最小曲線半經四〇呎，橋樑荷重七噸半。

南寧渡頭

可用渡船二隻，可載 6×6 運輸車二輛

低潮時寬八〇〇呎

低潮時流速每小時一哩

低潮時往返一渡需時三五分鐘

高潮時寬一、〇〇〇呎

高潮時流速每小時四哩

高潮時往返一渡需時二小時

高潮時可用汽船一艘為拖運

估計需用一、〇〇〇呎長之舟橋

寧明渡頭

不能用渡船

低潮時寬二二五呎（深三呎）

低潮時流速每小時一哩半

高潮時寬九〇〇呎（深二三呎）

高潮時流速每小時五哩

估計需用九〇〇呎長之舟橋

此路目前已破壞至邊境，據最近報告現已

修復，日人已應用至南寧

由寧明至邊境，存有一鐵路路基

公尺尺度之鐵路，乃自邊境接駁至海防

附錄丁之附件　工兵計畫

一、使命

　　盟軍工兵隊之使命為協助對選定目標之攻擊與占領。

二、任務

　　甲、工兵隊為使我軍之前進便利，須修築與改良各
　　　　公路、鐵路及機場，架設橋樑、渡頭與水路終
　　　　點之設備，並施行爆破工作及築障礙物，在必
　　　　需時以防衛敵人對我方側面及後方之轟擊。

　　乙、工兵隊為阻止敵軍前進，施行爆破工作及設立
　　　　障礙物。為增強其他兵種戰鬥力，運用特種之
　　　　協助工具及監督以建築野戰工事及建築特種工
　　　　事，如屬急需，則加入戰鬥。

　　丙、工兵隊為我軍之舒適與幸福，須設備特種掩蔽
　　　　部與有效用之設置，及必需之臨事設備。

三、詳細計畫

　　甲、工兵隊需

　　（一）每師有美方訓練之工兵一營，加上軍部三
　　　　　個工兵營，共計三九營。

　　（二）一有裝備表裝備之美軍航空工兵營（空
　　　　　運），撥歸第十四航空隊，以備已占領機
　　　　　場之恢復與維持。

　　（三）一有裝備表裝備之輕舟橋工兵連（美軍），
　　　　　以訓練中國工兵及監督橋樑、碼頭及渡頭
　　　　　之建築

　　（四）一有裝備表裝備之作戰工兵營（美軍），

以訓練中國工兵及監督橋樑裝備。

乙、工兵工作

各師屬中國工兵營將修補及維持道路，並具備對渡過狹小河流，碉堡及爆破之權宜方法，彼等建立必需之障礙物，排除障礙物，施行偽裝，臨時裝置及供應地圖，如在必需，可加入戰鬥。

（一）「甲」路線（昆明－貴陽－柳州－香港）三個中國工兵營（軍部），建築五、四五〇呎舟橋（一一處位置），一、三〇〇呎鋼索，以備在柳州渡柳河滑鋼渡之用，如屬必需，可將舟橋改換半永久性之橋樑，經美軍舟橋工兵連之監督。

（二）「乙」路線（昆明－百色－南寧－香港）三個中國工兵營（軍部）在美軍舟橋工兵連監督下建築三、四〇〇呎舟橋（五處位置），及在南寧、百色建築碼頭，如屬必需，可在其他處建築。

（三）「丙」路線（昆明－邵陽－衡陽－長沙）三個中國工兵營（軍部）建築三、三〇〇呎舟橋（二處位置），二、〇〇〇呎鋼索以備在湘潭渡湘江滑鋼渡之用，並在必需時可將舟橋改換半永久性之橋樑。美軍作戰營配屬部隊監督之。

（四）「丁」路線（昆明－蒙自－老街－河內）三個中國工兵營（軍部）監督由蒙自至老街

　　（破壞之公路及鐵路）修築道路工作，建築橋
　樑、排水溝，施行爆破，修築特種道路以延伸
　其交通線，並築碼頭、臨時橋樑及渡頭。

　　　丙、所需之特種裝備與給養（以上隊伍之裝備表）

	「甲」路線	「乙」路線	「丙」路線	「丁」路線
全具跳板橋，附有氣舟及附加裝置（呎）	5,450	3,400	3,300	0
3/4" 直徑 6×19 絞鋼索（呎）	1,500	0	2,000	0
5/8" 直徑 6×19 絞鋼索（呎）	200	0	500	0
合成物 "C"（噸）	125	75	125	175
電發爆破帽（12 呎鋼線）（ea.）	15,000	9,000	20,000	21,000
非電發爆破帽（ea.）	10,000	6,000	15,000	14,000
電器爆發機 容量 10 爆發帽（ea.）	40	40	50	40
一卷 500 呎爆破鋼線 二膠蓋導體（ea.）	40	40		40
黑藥爆破信管（ea.）	50,000	30,000	50,000	70,000
立燃導火索（呎）	10,000	6,000	10,000	14,000
鉗緊爆發帽工具（副）	40	40	50	40
摩托化空氣壓熔機（ea.）	3	3	6	6
碎石機，一具之每一特增器，每小時能碎石 7 立方碼（ea.）	50	50	50	50

　　丁、給養來源
　　　　所需之美軍人員、裝備表及特種裝備，可用在
　　　印緬戰區者，或可向美方申請獲得。
　　戊、人事處置
　　　　（一）八七九航空工兵營（空運）現在緬甸，
　　　　　　　在開始作戰前十五天，可能攜帶完全裝
　　　　　　　備表之裝備來華。

（二）雷多－密支那區現有五輕舟橋工兵連，其中一連在最早可行時間內，應到達中國以訓練三工兵營使用舟橋渡河方法及其他工作。

（三）現存有三最優良之中國工兵營，將選受特種訓練，特注意於舟橋、渡頭及橋樑之特種建築，以為軍部附屬，訓練可即行開始，並繼續至一九四五年五月一日。

（四）所餘師屬之三十六個中國工兵營，可由現存部隊組成，必需時可替換以養成其能力，並三月內之嚴格訓練計畫，將於一九四五年二月一日開始，特別注意於公路修築、架橋渡河之便宜方法，及應用火焰噴射器與放置炸藥之襲擊戰術。

（五）苟舟橋裝備不能在印度方獲得，或因運輸困難，舟橋裝備之使用為不大實用時，在白塔計畫中二主要進攻路線所需之材料：

	「甲」路線	「乙」路線
交通叉數量	9	6
滑鋼渡數量	29	19
3/4" 直徑 6×19 絞鋼索（拉鋼）（plow steel）（呎）	25,000	20,000
5/8" 直徑 6×19 絞鋼索（拉鋼）（plow steel）（呎）	6,000	4,000
12" 直徑 6×19 絞鋼索（拉鋼）（plow steel）（呎）	9,000	6,000
3/4" 鐵線絞剪	400	250
5/8" 鐵線絞剪	500	500
1/2" 鐵線絞剪	500	500
3/4" 鐵線嵌鑲	150	100

	「甲」路線	「乙」路線
5/8" 鐵線嵌鐶	100	100
1/2" 鐵線嵌鐶	100	100
3/4" 直徑 12" 有鐶孔之起動旋緊器	100	75
制輪起重機（6 噸）	10	6
8" 直徑車輪，一邊可開之鋼製單滑車（鋼線用）	30	20
6" 直徑車輪，木製雙滑車（1" 馬尾刺纜用）	60	40
削截鋼線器（3/4" 鋼線用）	9	6
1" 最大開展半變螺旋鉗	25	15
60D 大鐵釘（小桶）	30	30
40D 大鐵釘（小桶）	30	30
20D 大鐵釘（小桶）	30	30
所需之材料及裝具（中國來源）		
渡船（最小型，大小 10' 寬 x40' 長）	29	19
1" 最上等繩索	50,000	40,000
漸傾斜面 6"×14"×12'（木料）	120	80

附件戊　補給與輸送

表一　供給中國部隊卅日中估計所需要之噸位（極機密）

項目	師	軍	集團軍	總司令部	附註
每月需要之供應品	40.0	26.9	25.0	25.0	
軍火	83.7	453.7	－	－	軍與集團軍所需之軍火統列於軍總數之內
油料	7.5	237.4	471.0	2684.0	
清潔與保藏劑	1.0	1.0	1.0	1.0	
口糧 以 1-B 口糧發給	602.1	256.1	240.0	420.0	二分之一就地籌發，二分之一內勤補給
火柴、手紙、香煙等	501.8	213.4	－	－	完全就地補給
飼料	267.2	252.2	10.0	－	四分之三就地補給，四分之一移動補給
藥品	6.0	3.0	1.0	2.0	
總數	1,509.3	1,443.7	748.0	3,132.0	
就地供應	1,003.3	530.7	127.0	210.0	
需運之總數	506.0	913.0	621.0	2,922.0	

表二　各期部隊所用之數量（極機密）

式	一期 30 日	二期 75 日	三期 60 日	四期 30 日強
戰鬥部隊	12D, 4A, 2GA, 1GHQ	18D, 6A, 3GA, 1GHQ	25D, 8A, 4GA, 1GHQ	36D, 12A, 5GA, 1GHQ
預備隊	6D, 2A, 1GA	7D, 2A, 1GA		
訓練	18D, 6A, 2GA	11D, 4A, 1GA		

表三　給養供應之需要總噸位（極機密）

式	一期 30 日	二期 75 日	三期 60 日	四期 30 日基數
戰鬥部隊	13,888	48,428	50,720	35,199
預備隊	5,483	14,972	19,678	
訓練部隊	15,828	24,598		
美國部隊	101	252	202	101
各期之需要	35,300	88,250	70,600	35,300
每月	35,300	35,300	35,300	35,300

表四　各戰場需要之供應數字（極機密）

	在中國可能供應者	由印度設法供應者	需要
1. 軍需品	38%	20%	42%
2. 藥品	4%	17%	79%
3. 化學戰劑	11%	35%	54%
4. 通信器材	22%	25%	53%
5. 給養	12%	5%	83%
6. 工築器材	12%	10%	78%

表五　藥品估計

一、吾人擬收復之區域及大軍進路之一般衛生狀態

　　吾人擬進兵之前進路二條：一至東南方向，另一至東及南方向。其地形與氣候較之他處顯有不同，故兩路與兩路上之目標區域，首以概略之序述，而後逐次討論可能防範各地帶之疾病。

　　甲、東南中國健康之一般情形

　　　　此一區域瘧疾與腸胃病特別流行，大軍須設法克服此兩種病症，而後行動始可方便。有效之衛生設備、防疫針之注射與各種有效衛生設備之建立，始可防止此類疾病之發生，各部隊須遵守之兩項衛生規則：

　　　　（1）不可為蚊蟲所咬。

　　　　（2）只飲開水，吃煮熟食物與新鮮食物，始可避免意外疾病之叢生。

　　　　此外鼠疫症乃此區域之盛行病症，亦須特予防範，茲就各病症分條討論如次：

　　　　（甲）瘧疾

　　　　　　瘧疾為華南之普通病症，一年四季需時時使用蚊帳，以免為蚊蟲叮咬，尤以入夜為切

需。是以此症之防範須大費工夫，即須事先
周密之防範為必要步驟，個人方面除使用蚊
帳，隨時著衣以免蚊蚋叮咬。團體方面，須
講求百分之百之制壓方法，並從事防瘧之建
設，諸如環境衛生之講求，使藏垢納汙之陰
渠不致為蚊蚋叢生之區域，並注意帳篷區域
之清潔，務於通道及空氣優美處住宿，使部
隊享受安全。

（乙）虎列拉

虎列拉乃腸胃病中之最危險者，兼痢疾與傷
寒於一身而同時發現，欲防範虎列拉須同時
設法防範痢疾與傷寒。初起之時，蓋其既起
也，即不易診治，各部隊須注射防疫針，且
每隔四－五月即須注射一次，尤須清除陰溝
污水、撲滅蒼蠅，吃煮熟食物、飲開水，禁
絕使用陳腐食品，與公共食堂及飲食店之強
迫管制，皆可收效。

（丙）其他疾病

他如惡性傷寒、猩紅熱及由昆蟲之足部攜帶
之病症，如蒼蠅攜帶之細菌、跳蚤等類之攜
帶皮膚傳染病，凡此皆熱帶易於流行之疾
病，均應事先加意防範。

乙、昆港之線特須對健康注意之事項

（甲）斯氣時病（譯音）

此種病之來源係發自於血球之中，揚子江流
域及四川省尤多，此病發現時，彼時覺四肢

無力，久則可以致於死地。往往於沐浴或浸身於水、或潮濕之處、或飲未煮熟之水，皆易得。此種疾病防範之法，即對使用之各種工具須加以煮沸，並對飲水須予化驗後蒸餾之，即對使用之水之儲存時間，以廿四小時為限。他如飲水之儲存，更須嚴密保持絕對煮沸與確使清潔，而後始可飲用為度。

（乙）瘟疫或鼠疫

此種疫病華南一帶特別流行，頗富史實，皆因鼠蝨過多或鼠屍腐爛造成之恐怖狀態，大軍之行也更易攜帶此類病菌播散各地，此病關係軍事甚大，防範措施：

（1）軍中人員在未入華東以前，強迫注射防疫針。

（2）附近居民亦須注射防疫針。

（3）腳部及衣服塗油或穿戴防疫器以防跳蝨之侵害。

（4）普遍使用滅蝨器。

（5）民間居所非先消毒不可進駐。

（6）營房及永久或半永久之軍事建築物，須設置之滅蝨、滅鼠之機器。

丙、蒙自海防之線之衛生情況

除對上述之各種病症嚴密防範外，沿此線進兵之部隊更須防止彷彿瘧疾之某種病症。此病在該區域頗為流行，往往慢性流傳，久之則成惡性瘧疾。此病來自蚊蟲白晝或黑夜之侵襲所

　　致，隨時須講求防蚊之設備，尤以個別防護，
　　倘一人染疾，則可傳染他人，是故不得不各自
　　注意也。

二、醫務組人員須知
（甲）華方
　　大戰之前中國各師之醫務部隊已有相當經驗，
　　近年各該醫務單位早經加強，各該人員之功績
　　乃史無前例，此乃中國實施徵調醫務人員增加
　　戰地醫務人員所致。
　　中國後勤總部已決定百分之卅之野戰病院已予
　　以調整，新委若干醫務人員，此項人員均由中
　　國國民衛生署供給。

（乙）美方
（1）對美軍供應醫藥材料

單位	編制
1 個衛生站（床位 150）	8-560
1 個衛生站（床位 750）	8-560
3 個野戰病院	8-510
2 個普通醫院（床位 1,000）	8-500
1 個療養營	8-595 T
8 個航空醫務所	8-450
1 個空運救護站	8-447

（2）對華供應所需之醫藥材料

單位	編制
18 個移動外科醫院	8-5723
5 個野戰病院	8-510

（3）中美防瘧設備

單位	編制
6 個瘧疾檢查單位	8-500（福上校）
8 個瘧疾統制單位	8-500（FB 上校）

（4）中美輸送業務：

單位	編制
四個救護組，摩托吉甫	8-317

（5）中美醫藥之供應

單位	編制表	需要數	應在中國戰區者	可能在中國工作者	可自Z-1調來者
一個空運醫藥供應排	8-497				
一個醫藥庫	8-661				
三個醫藥庫（欠供應排二）	8-667				
二個基地醫藥庫	8-187				
移動外科醫院	8-5726	18	12	2	4
瘧疾檢查隊	8-500（F 上校）	6	2	0	4
瘧疾統制隊	8-500（FB 上校）	8	3	5	0
救護組（摩托）	8-317	4	0	0	4
醫藥供應排（空運）	8-497	1	1	0	0
醫藥庫	8-661	1	飛機二架	1 欠二班在華	0
醫藥庫（CZ）（欠供應兩排）	8-661	1	0	0	1
基地醫藥庫	8-661	2	0	0	2
輸血組	8-500 DD	15	5	0	10
獸醫組	8-99	2	0	1	1
獸醫班	6-155	36	19	0	17

（丙）裝備

最初需要廿五個師之裝備，作戰部已命令卅三個師及其他精銳部隊，其中五個 K 單位、三個 Z 單位，共八個師已裝備完成，尚餘廿五個師

而已。此外尚有十個軍，五個軍在美已準備完畢，隨時可以調動。此裝備（三五五噸）戰爭一經發動，須深水路為先決條件，蓋該處之供應尚未完備，軍隊即經換防，各水域之測量並不困難，縱不加測量亦可航行。一旦化學戰開始，則感困難，我軍對化學戰之初步準備尚欠周密，但可逐步改進。

（丁）供應

（1）藥品之分配處設於華南

中國陸軍總部醫藥庫設於貴陽、昆明、開遠……	500 噸
美軍醫藥庫設於昆明、雲南驛及保山……	700 噸
共計	1,200 噸

倘各庫分配得當，此數可供四個月之用，蓋每月之消耗量約為二九二噸故也。或於若干作戰激烈地帶醫藥感覺缺少，但於一九四五年五、六月間，即可合理解決，惟預計醫藥消耗之時日不過九十日耳。

（2）特別供應

有時因某一處之需要增加，吾人已事先予以準備，包含虎列拉、鼠疫、阿臺必林、瘧疾、必來斯魯、DDT 等，後三者由後勤部供應之。

（戊）建議

感於疾病之與戰役有莫大之關係，尤以該區域內之疫症較多，不得不指定醫務上之首腦負責講求各種手段與設備，從事防範以達到勝利之目的。

（1）對中美軍員監督食品（特別注意後者）事項

單位	編制
十四個獸醫食物監督組	8-500 DD

（2）對中美獸醫人員之供給（特別先者）

單位	編制
二個獸醫組	8-99
三個獸醫班	6-155

三、醫藥供應之需要

（甲）初步準備

  （1）美軍醫務部隊應於五月半前將藥品全數輸
    送至中國境內（無論有無戰事均有此需要）

  （2）供應華軍藥品

須供應單位	七月一日 T.E.	噸位	地方之可能數	需要於 Z-1 者	應供噸位
卅六個師	10-1	360	9	25	250
十二個軍	20-1	90	0	12	90
五個集團軍	30-1	15	0	5	15
共計		465			355

（乙）供應數

  （1）美軍方面（六五、〇〇〇），根據計畫，
    一萬人每月約需十二噸，是則使用兵力六
    萬五千則需七十八噸。

  （2）華軍方面（五四、〇〇〇），每萬人每月
    約需四噸，是則使用五十四萬則需二一六
    噸，總共需二九四噸。

四、計畫增加之人員與補給

（甲）人員

單位	編制	需要數	應在中國戰區者	可能在中國工作者	可自 Z-1 調來者
衛生站（床位 150）	8-560	1	1	0	0
衛生站（床位 750）	8-560	1	1	0	0
野戰病院	8-510	8	3	2	3
普通醫院	8-500	2	0	1	1
療養院	8-595 T	1	0	0	1
醫務所	8-450	8	8	0	0
空運組	8-447	1	（一組）	1（欠一組）	0

醫藥供應與裝備之需要數

	籌備需要數噸	中國噸	印度噸	應有數噸
一期				
2 CAI 師	20	20	－	－
10 CAC 師	100	2	9	89
4 CAC 軍	30	－	－	30
2 CAC 集團軍	6	－	－	6
1 方面軍	3	－	－	3
		22	9	128
二期				
2 CAI 師	20	20	－	－
10 CAC 師	160	100	－	60
6 CAC 軍	15	30	－	15
3 CAC 集團軍	9	6	－	3
2 方面軍	3	3	－	－
	237		－	78
三期				
2 CAI 師	20	20	－	－
25 CAC 師	230	160	－	70
8 CAC 軍	60	45	－	15
4 CAC 集團軍	12	9	－	3
1 方面軍	3	3	－	－
	325	237	－	88
四期				
2 CAI 師	20	20	－	－
34 CAC 師	340	230	－	120

	籌備需要數 噸	中國 噸	印度 噸	應有數 噸
12 CAC 師	90	60	—	30
5 CAC 集團軍	15	12	—	3
3 方面軍	3	3	—	—
	468	325	—	143

共需醫藥供應數

	每月噸位
（甲）美軍	78
（乙）華軍	294
總數	372

表六　現時各機關可能供給之噸位

（包含駝峯運來噸數）（極機密）

	一月	二月	三月	四月	五月	六月
長距離	7,910	9,000	13,000	13,500	14,000	14,000
短距離	36,179	31,900	30,000	45,000	48,000	48,000

	七月	八月	九月	十月	十一月	十二月
長距離	14,000	14,000	14000	14,000	14,000	14,000
短距離	48,000	52,000	52,000	52,000	52,000	52,000

表七　供給駐華美空軍與地面部隊人員之噸位數字

（極機密）

現時在華 之部隊	一月	二月	三月	四月	五月	六月
XX 轟炸機及 十四航空隊	SR 7,910	8,000	4,000	600	7,000	7,000
空軍	SR 16,560	16,560	22,000	25,000	32,556	34,711
供應	SR 8,500	6,500	8,800	9,300	9,600	9,400
CCC & CTC	SR 1,500	1,500	1,700	1,900	2,100	2,300
其他	SR 7,619	400	500	600	700	800
為中國工作 之 IBT 部隊						
衛生站		80	160	160	160	160
衛生所（2）			24	24	24	24
彈藥交付所			95	95	95	95

現時在華之部隊	一月	二月	三月	四月	五月	六月
後勤及後勤本部				15	15	15
食品檢查組				120	120	120
貨車處（7）（力士）			1,490	1,490	1,490	1,490
醫務隊			200	200	200	200
醫療處			400	400	400	400
工程部隊					165	330
工程供應隊					95	95
工程排（重器材）						20
後勤醫務處						480
移動外科醫院						45
基地倉庫						110
療養院						100
工兵營						175
工兵營建排						500
工兵戰鬥排						25
水運組						300
總共短距離	36,179	27,040	35,367	39,304	47,520	52,395

現時在華之部隊	七月	八月	九月	十月	十一月	十二月
XX 轟炸機及十四航空隊	7,000	7,500	7,500	7,500	7,500	7,500
空軍	35,647	35,385	38,217	41,051	41,051	41,051
供	10,200	10,500	10,500	10,500	10,500	10,500
CCC & CTC	2,300	2,500	2,500	2,500	2,500	2,500
其他	900	1,000	1,000	1,000	1,000	1,000
為中國工作之 IBT 部隊						
衛生站	160	160	160	160	160	160
衛生所（2）	24	24	24	24	24	24
彈藥交付所	95	95	95	95	95	95
後勤及後勤本部	15	15	15	15	15	15
食品檢查組	120	120	120	120	120	120
貨車處（7）（力士）	1,490	1,490	1,490	1,490	1,490	1,490
醫務隊	200	200	200	200	200	200
醫療處	400	400	400	400	400	400
工程部隊	330	330	330	330	330	330

現時在華之部隊	七月	八月	九月	十月	十一月	十二月
工程供應隊	95	95	95	95	95	95
工程排（重器材）	20	20	20	20	20	20
後勤醫務處	480	480	480	480	480	480
移動外科醫院	45	45	45	45	45	45
基地倉庫	110	110	220	110	110	110
療養院	100	100	100	100	100	100
工兵營	175	175	175	175	175	175
工兵營建排	1,000	1,000	1,000	1,000	1,000	2,000
工兵戰鬥排	25	25	25	25	25	25
水運組	300	300	300	300	300	300
				28	28	28
				79	79	79
總共短距離	53,631	54,567	57,401	60,342	60,342	61,342

假定：駐印之部隊在情況未分曉前仍駐印度，此時尚
無通信兵部隊可資使用。

表八　白塔作戰計畫對中國裝備與補給之噸位

	一月	二月	三月	四月
長距離	－	1,100	9,000	7,500
短距離	－	4,860	CR 5,369	696
當長距離變為短距離時之總數	－	1,700	15,300	12,750
短距離之總數				
	五月	六月	七月	八月
長距離	7,000	7,000	7,000	6,500
短距離	480	CR 4,395	CR 5,031	CR 2,567
當長距離變為短距離時之總數	11,900	11,900	11,900	11,050
短距離之總數	12,380	7,505	6,269	8,483
	九月	十月	十一月	十二月
長距離	6,500	6,500	6,500	6,500
短距離	CR 5,401	CR 8,342	CR 8,342	CR 8,342
當長距離變為短距離時之總數	11,050	11,050	11,050	11,050
短距離之總數	5,649	2,707	2,708	1,708

表九　根據白塔作戰計畫按月與按期應供給中國地面
　　　部隊之噸位

	初期				
	一月	二月	三月	四月	五月十四日
起初之供應	—	1,000	2,000	2,000	1,000
供給差	—	5,000	10,000	15,060	11,700
倉庫	—	—	7,500	7,500	3,000
中國作戰	—	—	—	—	—
總數	—	6,000	19,500	24,500	15,700

	一期				二期		
	五月十五日	六月十四日	五月十五日	六月十四日	六月十五日	七月	八月
起初之供應	1,500	1,250	1,500	1,250	1,250	2,500	2,500
供給差	11,700	11,700	11,700	11,700	11,700	23,400	23,400
倉庫	1,000	1,000	1,000	1,000	1,000	2,000	2,000
中國作戰	5,000	5,000	5,000	5,000	5,000	10,000	14,000
總數	19,200	18,950	19,200	18,950	18,950	37,900	41,900

	三期		四期	
	九月	十月	十一月	十二月
起初之供應	—	—	—	—
供給差	23,400	23,400	23,400	23,400
倉庫	2,000	2,000	2,000	2,000
中國作戰	14,000	14,000	14,000	14,000
總數	39,400	39,400	39,400	39,400

表十　總結

	一月	二月	三月
短距離可能供應之數	－	6,500	9,951
白塔作戰計畫之需求供應數		6,000	19,500
分別		560	SR 9,560

	四月	五月	六月
短距離可能供應之數	13,446	12,380	7,505
白塔作戰計畫之需求供應數	24,500	34,910	37,900
分別	CR 11,054	CR 22,520	CR 30,395

	七月	八月	九月
短距離可能供應之數	6,209	8,485	5,649
白塔作戰計畫之需求供應數	37,900	41,900	39,400
分別	CR 31,631	CR 33,417	CR 33,751

	十月	十一月	十二月
短距離可能供應之數	2,708	2,708	1,708
白塔作戰計畫之需求供應數	39,400	39,400	39,400
分別	CR 36,692	CR 36,692	CR 36,692

表十一　其他空軍根據白塔作戰計畫需要供應者

	三月	四月	五月	六月	七月
空軍估計	LR 18,140	18,140	18,140	18,140	18,140
要求（D）	LR 4,000	6,000	7,000	7,000	7,000
總共可能數	LR 14,140	12,140	11,140	11,140	11,140
總共轉變數	SR 24,028	20,638	18,938	18,938	18,938
空軍總計	SR 41,020	56,020	81,020	81,020	81,020
要求（D）	SR 35,369	39,304	47,520	52,395	53,631
分別	SR 5,651	16,716	33,500	28,625	27,389
總共可能數	SR 29,089	37,354	42,438	47,563	40,327
須供應白塔計畫之噸位	SR 19,500	24,500	34,900	37,900	37,900
分別	SR 10,189	12,854	17,538	9,663	4,227

	八月	九月	十月	十一月	十二月
空軍估計	18,140	18,140	18,140	18,140	18,140
要求（D）	7,500	7,500	7,500	7,500	7,500
總共可能數	1,0640	10,640	10,640	10,640	10,640
總共轉變數	18,088	18,088	18,088	18,088	18,088
空軍總計	81,020	81,020	81,020	81,020	81,020
要求（D）	54,567	57,401	60,342	60,342	61,342
分別	26,453	23,619	20,678	20,678	19,678
總共可能數	44,541	41,707	38,766	38,766	37,766
須供應白塔計畫之噸位	41,900	39,400	39,400	39,400	39,400
分別	2,641	2,303	CR 634	CR 634	CR 1,634

表十二　中國內地運動補給按時所需要之噸位

期之區分	戰鬥部隊	預備隊	美軍	倉庫	需移動總數	路之供應力	空運
I 昆明至貴陽	8,333	3,290	60	2,000	13,683	18,750	—
II 昆明至寶山	5,545	2,193	41	1,000	8,779	18,750	—
III 昆明至柳州	29,057	8,983	151	4,500	42,691	49,875	—
II 昆明至南寧	19,371	5,989	101	3,000	28,461	46,875	—
III 昆明至柳州	25,380	9,819	101	3,000	38,300	37,500	800
III 昆明至南寧	17,600	—	50	1,500	19,150	18,750	400
IV 昆明至柳州	17,599	—	51	1,500	19,150	18,750	400
IV 昆明至南寧							

	一期	二期	三期	四期
由貴陽至柳州之比率	—	60 %	柳州 —	50 %
由寶山至南寧之比率	—	40 %	南寧 —	50 %

表十三　作戰期間對訓練部隊需要之供應與補給

期別			
I	15,028	15,828	800
II	22,598	24,598	2,000
III	7,258	–	–
IV	7,630	–	–

公路之運輸力係指白塔作戰計畫中之兩條道路而言

表十四　各月份所需要之摩達〔車輛〕及空運之噸位
　　　　（極機密）

式	五月 15-31	六月	七月	八月	九月	十月	十一月
卡車之噸位訓練	77,514	12,034	9,039	9,039	–	–	–
卡車噸位（戰鬥與預備隊）	11,236	28,466	28,461	28,461	37.500	37,500	37,500
卡車總數	18,750	37,500	37,500	37,500	37,500	37,500	37,500
空運噸位（戰鬥與預備隊）					800	800	800
空運噸位之訓練	400	800	800	800			
一般統計	19,150	38,300	38,300	38,300	38,300	38,300	38,300

表十五　二噸半卡車各月需要之估計數（極機密）

	五月 15-31	六月	七月	八月	九月	十月	十一月
（1） 戰鬥與 預備隊 所需之 卡車	2,485	5,762	6,453	6,453	20,475	20,475	20,475
（2） 卡車須 訓練者	1,000	1,600	1,200	1,200	—	—	—
需要之 卡車 總數	3,485	7,362	7,653	7,653	20.475	20,475	20,475
總共可 使用之 車輛	7,000	10,000	13,000	13,000	13,000	13,000	13,000
卡車可 用為防 空部隊者	3,515	2,638	5,347	5,347	—	—	—
卡車之 短少 數量					7,475	7,475	7,475

（1）按 G4〔補給部門〕計算之標準，約指貴陽、寶
　　山、柳州及南寧基地。

（2）根據三次四輪行徑之計算，每月所計算之二噸
　　半卡車。

表十六　預計卅日內所建築之倉庫可能之噸位容量

　　　　（極機密）

支部供應	A點（1）	B點（2）	總數
後勤	2,853	4,280	7,123
工兵	200	300	500
油庫	1,515	2,272	3,787
軍需（口糧）	3,384	2,256	5,640
通信	40	60	100
化學戰劑	234	234	468
醫藥	149	223	372
各月之調動數	（1,000）	（2,000）	（3,000）
	8,375	9,625	18,000

（1）A點－一期　　　　　－寶山

（2）B點－一期　　　　　－貴陽

　　　　二、三、四期 －柳州

為計畫分配起見，關於 A 點至 40％、B 點 60％ 均可能使用

化學戰劑之需要估計

一、最確當且合適之估計，為基於訓練進度逐步完成之裝備：

　　五月十五日－可完成二營

　　六月一日－　可完成二營

　　九月一日－　可完成五營

　　十月一日－　可完成九營

　　上述之數字是全教育進度所完成之營數，內中尚有一營仍在印度，上述各營純按廿四週之訓練進度，該進度係訓練摩托部隊之進度。

二、軍火之需求為戰鬥而用，每日每卡車可裝載廿箱，
其次序如次：

每營於作戰期間

每月需用子彈　　一四、四〇〇箱，共重二三四噸

五月－（十五日）

　　　　　二營　　一四、〇〇〇箱－　　三四噸

六月－

　　　　　二營　　二八、八〇〇箱－　　六八噸

七月－

　　　　　二營　　二八、八〇〇箱－　　四六八噸

八月－

　　　　　二營　　二八、八〇〇箱－　　四六八噸

九月－

　　　　　五營　　七二、〇〇〇箱－　　二七〇噸

十月－

　　　　　九營　一二九、六〇〇箱－ 二、一〇六噸

三、G-3〔作戰部門〕駐華美軍後勤部對上列需要負補
給之全責。

公路之輸送力

一、根據各種車輛，本戰區決定採取下列之運輸方式

（甲）預定

　　（1）車輛按表行動。

　　（2）汽油為作戰而用。

　　（3）滇越（安南至保山）路可能行駛6×6卡車。

　　　　根據實驗有很大之可能將來此路可行駛四

　　　　輪大卡車。

（乙）基地

　　（1）長驛路以東之行車能力，每日可行車二
　　　　百輛。

　　（2）運費約增加百分之卅三又壹，因燃料昂貴。

二、第一期（五月一至卅一）

（甲）欲輸送一五、〇〇〇噸至安南邊境，需七百輛
　　　二噸半之卡車。

　　　欲輸送五、〇〇〇噸至保山，需八二五輛二噸半
　　　之6×6卡車。

　　　欲輸送五、〇〇〇噸，自馬場坪至芷江，需六六
　　　〇輛二噸半之卡車。

　　　欲輸送五、〇〇〇噸，自馬場坪至河池，需
　　　五七五輛二噸半之卡車。

（乙）是故四、四〇〇卡車輸送五、〇〇〇噸供應品至
　　　保山、河池、芷江，於五月份平均須卡車二、六
　　　〇〇輛。此外尚須供應十四航空隊之日用必需
　　　品，計共約須七千輛。

三、第二期（七月一至卅）

（甲）欲運四、二〇〇噸之供應品，自保山至南寧，
　　　需卡車四百輛。

　　　欲運四、二〇〇噸之供應品，自河池至柳州，需
　　　卡車三二〇輛。

　　　欲運四、二〇〇噸之供應品，自芷江至衡陽，需
　　　卡車六八〇輛。

（乙）是故四、二〇〇噸之供應品，需卡車五、八〇〇

輛，始可於六月運至柳州、南寧、衡陽，是即連
同供應十四航空隊之車輛，約需萬輛之譜。

四、第三期（七月一至十二月）

（甲）欲自衡陽、南寧、柳州運供應品一萬噸至廣州，
約需卡車三千三百輛。

（乙）是故自長驛至廣州區域，共需卡車九、一〇〇
輛，其中須以三千一百輛供應十四航空隊。

五、倘鐵路交通恢復後，長驛以東之卡車相當數量之節
省而代以鐵道輸送，收效更大。

六、駝峯之噸位需要飛量如次：

五月－五千噸

六月－七千四百噸

七月－一萬噸

七、此須注意者，噸位均按期計算，並不以月計算，
此須視目的地之情景以為定，換言之，若軍隊停滯
於保山、河池、黔江區域，各該區域約需五千噸，
此他如南寧、柳州、衡陽區域，各該區域每月約需
四千二百噸。及至前進至廣州後，約需一萬噸，並
可按當時之需要以供應之也。長驛以東，吾人已盡
量改進道路，道路之運輸力每月可達萬五千噸。倘
前進基地一旦建立，則可將卡車改作他用，或區分
至前線使用，而使飛機從事空運。

後勤供應（欠缺自動性）

一、現時之近狀

（甲）五十三兵工廠機動後勤修理所（可修理輕武器及

至七五糧砲），等於美國一小規模之供應公司。

（乙）尚有其他若干修械所現時尚未完全，甚至1/2尚未建設完成者。

（丙）四個美國後勤供應組，每組有軍官一人負責，其外有列兵二名。

二、第一階段

（甲）利用美國裝具，使用中國昆明軍需學校畢業之學員，使十人為一組從事戰地工作，此時車輛與運輸人員尚不相宜。

三、第二階段

（甲）美國中型供應社（欠機動性）可建立十二處，（倘於美國通行）即可自美國起運來華。美國聯絡人員及華籍工人須同時雇用，但中國後勤部及後勤人員在此階段並不須在第二階段從事組設。

四、倘賴此一貧乏之供應以供應小部隊與砲以待第三期者，誠屬不智，非有美國人員與得到中國軍需當局之協助，則此組合從求進步殊不可能。

白塔作戰計畫後勤所需之裝備

一、所附條款說明白塔作戰計畫後勤部所準備之裝備可能按照計畫付諸實施者；附件一指示何者為必需品必需按時到達中國境內；附件二指示何者必需優先起運非然者不足以完成作戰計畫。蓋何月計畫中有必需者，該月即應如期供應之也。

二、後勤勤務令第廿一條乃任何作戰軍所應遵守者，茲

就該條之指示，規定裝備之日程如次：

一九四五年五月十五日	CAI 兩個師	七月一日
	CAC 十個師	十一月十八日
	CAC 四個軍	十一月十八日
	CAC 二個集團軍 二瓦特電信二營 一〇五糎砲多門	十一月十八日
	一個方面軍 十二個迫砲營 一五五糎榴彈砲三營	
一九四五年七月一日	CAI 兩個師	七月一日
	CAI 二個師	七月一日
	廿三個 CAC 師	十一月十八日
	六個 CAC 軍	十一月十八日
	三個 CAC 集團軍 三瓦特通信兵三營 一〇五糎砲多門	十一月十八日
	一個方面軍 迫砲十二營 一五五糎榴彈砲三營	
一九四五年九月一日	CAI 兩個師	七月一日
	CAC 廿三個師	十一月十八日
	CAC 軍八個	十一月十八日
	CAC 集團軍四個 附四瓦特通信兵一營 一〇五糎砲多門	十一月十八日交運
	一個方面軍 迫擊砲十二營 一五五榴彈砲三營	
一九四五年十月一日起應裝備者	CAI 二個師	七月一日起運
	CAC 卅四個師	十一月十八日
	CAC 軍十二個 附五瓦特通信兵營 一〇五糎砲多門	十一月十八日
	一個方面軍 迫砲十二營 一五五糎榴彈砲三營	

各期之裝備係根據現已運存中國倉庫之存品，一九四五年正月廿已與中國接洽，並與印度美軍之連絡參謀團，其應供給該團者業已規定，但未起運。倘此項計畫須將

已規定而未起運之裝備，此須牽洽優先運輸問題，不然僅可以通常之運輸方法付諸實施，但此增加之規定前經史迪威原計畫早經規定必須如期運至中國，且數字已經律定，自可優先起運。此外於該計畫之註記欄內如無批請，則該項裝備仍須俟諸四或六個月後始可起運。

三、為求將各項器材適當按期分配使用起見，下列建議有考慮之必要

地圖：將六個師及二個軍之裝備及六、一四六件器材、三○三門大砲列入圖中。

七月：三個師與一個軍，二○、一四二件器材、三○三枝步槍，此外尚有一、○七三件器材、三○三門大砲。

定案：至少裝備六個師，使用器材一九一九式之機槍（四三二）卅挺，即予更換以補一九一七式之不足，嗣後並須繼續更換以彌補其不足（六個師預計四個月可以調整完畢）。

理由：

甲、七‧九二糎之大砲現甚缺少，無法更換，祇有以四‧二九二號七‧九二糎之口徑設法彌補之（八個月可調整倉庫完畢）。

乙、四九、四九七式之步槍十月間尚甚缺少，祇有以三○三式步槍替用之。為顧全軍火供應起見，特將三○三式二五、○○○件、三○‧M一九一七式步槍使用於同一師之內，以彌補目前之缺少。

四、倘由美運華之計畫不能如期實現，但為中國戰區一

但緊急而求安全之計，現特存於加爾各答之步槍，三萬枝美國三〇・M 一九〇九式可以借用。

五、結論：第二節所擬定之白塔作戰計畫，倘慎重執行，根據其嚴密規定之計畫一步一趨，可全部付諸實現。

附件 I

白塔作戰計畫之裝備

目前即須在中國戰場使用之必需裝備

五月份	刺刀 M1917 式	23,800 把
七月份	刺刀 M1905 式	55,748 把
九月份	砲 SM 式口徑四五	23,500
	投擲器 M1 式、M2 式	800 具（係批准之式樣）
	迫擊砲及山砲八一糎	96 門（史迪威計畫之四一二式）

定案

刺刀 M1917	25,000	每槍壹把
圓形瞄準器 M1917	93	
榴彈砲七五糎包及架	96	
投擲器 M1 式、M2 式	2,600	係批准之式樣
迫擊砲及山砲六〇糎及 M2 式		最近尚無出品
步槍美國 M1917 式	25,000 枝	

附件 II

白塔作戰計畫之裝備

優先水路運華應到達之預定表

五月份	步槍美國口徑卅 M1905 式	60,582
	步槍美國口徑卅 M1917 式	80,000
七月份	砲口徑四五	9,000 門
	刺刀 1905 式	55,748 把
九月份	砲 1917 年式	400 門
	榴彈砲七五糎	120 門
十月份	口徑四五	23500 門

表十七　後勤所需之裝備

類別	五月十五日 (45)		七月一日 (45)	
	預定數	可能數	預定數	可能數
刺刀 1905 年式	31,623	*49,820	107,016	(A) (B) 105,568
刺刀 1917 年式		*(B) 98,302		98,302
圓形瞄準具 M1 式	160	409	258	409
指北針 三稜鏡式	1,472	1,953	2,156	2,020
砲口徑 303	652	12,188	652	12,188
砲 70-92 糎	3,925	*12,900	6,281	*12,900
砲口徑 30M 1917 式	864	3,976	1,246	1,976
砲口徑 45	14,110	23,029	20,979	(D) 32,029
砲口徑 37 糎	288	855	432	655
榴彈砲 75 糎	144	357	216	357
榴彈砲 105 糎 M2 式	72	302	108	302
投擲器 M1 及 M2 式	2,916	5,358	4,074	5,358
投擲器火箭 2.36 秒	342	1,537	504	1,537
迫擊砲及山砲 60 糎 M2 式	1,944	2,438	2,916	2,436
迫擊砲及山砲 81 糎 M1 式	432	588	648	788
山砲三角架 M1917 M 式	860	1,718	1,296	1,718
步槍幼龍 口徑 .55	360	3,625	540	3,621
步槍美造口徑 30 M1905	87,251	(P) 104,855	130,380	104,835
步槍美造口徑 30 M1917		(P) 103,290		103,290
步槍口徑 30		24,771		24,771
榴彈砲 155 糎	36	58	36	58

類別	九月一日 (45)		十月一日 (45)	
	預定數	可能數	預定數	可能數
刺刀 1905 年式	148,309	(A) 105,568	213,198	(A) 105,568
刺刀 1917 年式		98,302		(E) 123,302
圓形瞄準具 M1 式	345	409	484	(A) 804
指北針 三稜鏡式	3,013	2,020	4,336	2,020
砲口徑 303	652	12,188	652	12,188
砲 70-92 糎	8,777	12,900	12,875	*12900

類別	九月一日 (45)		十月一日 (45)	
	預定數	可能數	預定數	可能數
砲口徑 30M 1917 式	1,200	(B) 2,376	2,592	(A) 2,469
砲口徑 45	28,596	(A)(B) 55,529	41,305	(A)(B)(D) 55,529
砲口徑 37 糎	600	657	864	1,007
榴彈砲 75 糎	300	(A) 387	432	(C)(F) 432
榴彈砲 105 糎 M2 式	144	302	204	302
投擲器 M1 及 M2 式	6,075	(A) 6,158	8,748	(A) 8,758
投擲器火箭 2.36 秒	843	2,037	496	2,037
迫擊砲及山砲 60 糎 M2 式	4,050	2,035	5,832	(D) 5,227
迫擊砲及山砲 81 糎 M1 式	900	(A)884	1,296	884
山砲三角架 M1917 M 式	1,800	2,418	2,592	(A) 3,339
步槍幼龍 口徑 .55	750	3,621	1,080	3,621
步槍美造口徑 30 M1905	179,732	104,855	257,642	104,855
步槍美造口徑 30 M1917		103,290		(C) 103,290
步槍口徑 30		24,771		24,771
榴彈砲 155 糎	36	58	36	58

＊假定 2,000 M1905 及 6,197 M 1917 刺刀於 CAI 師，

中國

注意：

（P）表示若有必需可能優先起運

（A）須臨時請求

（B）23,500 如請求上級批准，可能優先起運

（C）到達卅份之指定砲架，及迫砲之砲架

（D）60 糎之迫擊砲尚未通行，直至 1945 年中，如有

緊急切需能優先起運或以空運

（E）可能之單位數為 25,000 M 1917 年式為已得上官之

批准（刺刀在內）

（F）尚有九七件空運之件，此外榴彈砲未起運者，其
在東線已經遺失（必需追究）

美國空軍增加之需用品

第十挺進航空隊			
部隊番號	飛機種類	預定到達日期	每周應供應之噸位
1(T,E) 戰鬥隊	75 P-38	五月十五日	1,800
1 中型轟炸機隊	64 B-25	五月十五日	2,511
1/2 夜間飛行班	6 P-61	七月十五日	224
1(T,E) 戰鬥班	25 P-38	七月十五日	448
1 重轟炸機隊	48 B-24	九月十五日	3,448
1(S,E) 戰鬥機隊	25 P-47	九月十五日	1,614
1 戰術偵察組	25 P-51	九月十五日	206

＊呂宋至琉球之航空路亦正擬建設中，其他之航線尚在計畫增設中

三月	優先供給	初次噸位	每月應維持數
1 架 B 式登記於部隊之飛機	1	15	1
空軍工兵一營	2	無路可運	550
機械工兵三營（可能再增加一營）	3	無路可運	252
小計		15	803
四月	優先供給	初次噸位	每月應維持數
二個供應班	1	50	24
三個機場班	2	255	42
一個儲藏班（欠醫務組）	3	350（留待由陸上前來）	230
五個空軍交通班	4	50	10
一個通訊連	5	77	20
一個前進醫務所	6	4	1
二個憲兵連	7	64	15
一個戰術協同班	8	180	6
一個戰鬥機統制班（現在水上）	9	198	50
一個戰鬥機班（原八十一隊九一組）	10	130	500
一個轟炸班（341 隊 490 組）	11	171	647
一個中國重轟炸隊	12	200（估計）	1,000
小計		1,729	2,545
累計			3,348

五月	優先供給	初次噸位	每月應維持數
一個勤務班	1	825	198
二個勤務汽車連	2	−	102
二個機場班	3	170	28
三個航運班	4	200（估計）	1,400
一個醫務所	5	−	12
一個空軍醫務班	6	25	1
一個化學空軍作戰班	7	171	9
一個空襲警戒營	8	695	35
一至四個空軍戰鬥營班	9	412	1,525
一個醫藥轟炸班	10	708	2,692
小計		3,206	5,902
累計			9,250
六月	優先供給	初次噸位	每月應維持數
25 架 C-47S 式（除候區一之數足可運輸充分之供應品，既可滿足美軍之需求，亦可滿足中國地面部隊）	1	100	1,000
一個空中照相班	2	95	3
2 個空軍憲兵營連	3	64	15
一個戰地攝影班	4	9	3
小計		268	1,021
累計			10,271

自七月份直至十二月份，除第三節所列之部隊外，不需增加其他部隊。

一、三月份以後空運司令部將卅三架 C-47S 式參加空運，可能將堆積之物品移至雲南驛，以後或因戰術上之要求，須空運司令部及後勤司令部增加 C-47S 式，五月份以後將堆積之物品移向中國內地。

二、於此須注意者，即每月增加之供應噸位約為一〇、三〇〇噸，即自三月份至八月份間增加之總量，其短程為八、〇〇〇噸，長距離為三、五〇〇噸。

總之，吾人可能達成最大之戰術效果，並可展開攻擊態勢。按照空襲計畫毀滅日寇全部之交通線，往

　　昔昆明缺少之噸位，一經補充即可將空運基地自梁
　　山、白市驛區域推進至老河口，而後再至安慶。吾
　　人認為與其增加部隊求戰果之擴張，不如充分發揮
　　現有部隊之戰鬥力至乎其極，此為吾人作戰之原則
　　也，是以極少之噸位畀予中國空軍亦未嘗不可也。

三、第十航空隊欲增加部隊，目前似不可能；換言之，
　　即目前在中國及印緬戰場欲增加兵力均不可能。可
　　能增加兵力如次：

　　一個戰術空軍交通班
　　二個機場班
　　三個空中通信連（該連准予三月由美移華）
　　十個空軍基地交通連

表十八　一九四五年運華之總噸位

1945	長距離	短距離	空運	公路	總共
三月	13,000	30,000	—	—	43,000
四月	13,500	30,500	15,000	2,000	53,500
五月	14,000	31,000	15,000	2,000	62,000
六月	14,000	31,000	15,000	3,000	62,000
七月	14,000	31,000	15,000	2,000	62,000
八月	14,000	31,000	15,000	6,000	66,000
九月	14,000	31,000	15,000	6,000	66,000
十月	14,000	31,000	15,000	6,000	66,000
十一月	14,000	31,000	15,000	6,000	66,000
十二月	14,000	31,000	15,000	6,000	66,000

表十九　駐華美國空軍指揮部一九四五年四月份起
　　　　於亞薩省計畫之需用品

| 西嘉至成都 | | | | | | | | | |
空運	噸	空運	噸位	噸	空運	噸	長距離	短距離	總共之噸數
140	12,600	80	5,540	*2,020	200	29,000	18,140	51,020	49,160

因機件與氣候關係，由西嘉至成都之飛機不能直達，須
由昆明降落換機，爾後起飛至成都區域。

附註：空運部隊須以長班與短班常常互調飛行，以便
　　　運載補給至中國境內。

表二十　卡拉詖爾區域須增加人員之近況

基地	飛機	噸位	卡拉詖基地損離之人員		
			離	調走	總數
2	63	10,000	565	2,745	3,310
4	156	25,000	1,150	6,621	7,771
8	512	50,000	2,700	13,212	15,942

噸位之總和（自目前之空運之現狀計之）

長距離噸位			短距離噸位				總噸數		含戰後需要之噸位
亞薩	潘甲布	克拉甫	亞薩	潘甲布	克拉甫	變換	長	短	長距離短距離需要之噸位
5,540	12,600	無	29,000	無	10,000	2,020	18,140	41,020	59,160
5,540	12,600	無	29,000	無	25,000	2,020	18,140	56,020	74,160
5,540	12,600	無	29,00	無	50,000	2,020	18,140	81,020	90,260

因機件與氣候關係，由西嘉至成都之飛機不能直達，須由昆明降落換機爾後起飛至成都區域。
附註：空運部隊須以長班與短班常常互調飛行，以便運載補給至中國境內

附錄庚　地形、氣候與港灣

一、地形

甲、由昆明至河池地區之地形，山嶺丘陵起伏甚
　　大，平均拔海高度為一千呎至二千呎。由河池
　　地區至柳州地區，則為逐漸傾斜面，平均拔海
　　高度為〇至二百呎。由柳州至廣東之地形高度
　　逐漸下降。

乙、由昆明至百色之地形亦為山嶺重疊地帶，平
　　均拔海高度為一千呎到二千呎。百色之西江適
　　於行駛淺底船或汽船，此平原因平行於西江之
　　道路有限，故不適宜大部隊之行軍。但應注意
　　者，該地地形為一低地平原，間有溝渠、麥田
　　夾雜其中，此在許多地圖上未曾標示者。

丙、由蒙自以南至越南邊境之地形，山嶺重疊，交
　　通困難。在老街以北地形向前傾斜，以至漢諾
　　與海防以南與紅河平行之地區。

丁、攻擊前進之路大概均需經過丘陵地帶以至高
　　山地區再至廣東之西或西北；由西江平原之前
　　進均為由平地至山地之行進，南向雷州半島地
　　形多山，交通則較困難。沿海岸之二突出部
　　分，一部圍繞北海（109° 05-21° 42）、雷州
　　（109° 10-21° 38），一部圍繞陽江（112° 85-
　　21° 50），均為高地逐漸下降以達於海。

戊、總之本地區之地形特別適宜於守勢作戰，如以
　　絕對優勢兵力進攻時，始可操勝算。但應注意

者，本區地形之特質，為所有道路僅能使用少數兵力以及重武器。再者本區地形適於游擊戰術，以裝備良好之部隊分為小組，占領交通線。

二、氣候

　　甲、以下所列地區在五月十五日至九月十五日雨季期，其氣候有如左述：

　　　　（一）雲南東部在七、八月雨量最多

　　　　（二）貴州南部在六月雨量最多

　　　　（三）廣西與廣東北部在五、六月雨量最多

　　　　（四）廣東南部在六、七月雨量最多

　　乙、因所有進攻之地區在倭軍之手，補給亦不感困難，如敵人企圖西進時，則氣候將對敵人有利。

　　丙、因百色、南寧地區之道路為次要道路（第二流），如進攻時將受天雨之困擾。貴陽－柳州道路有較好而地面堅硬之道路，但因此次敵人之進擊被中國部隊破壞，故其道路狀況不良。

　　丁、在雨季中因河流水漲，許多橋樑被沖走，此種現象甚屬平常，在許多情況下橋樑之立刻再興修，因水未退而非常困難。

　　戊、根據香港氣象之研究，下表說明其他三地之氣候與雨量，七、八月到達最高點。

平均雨量與平均溫度

地點 月份	北海		龍州		貴陽	
	溫度 （華氏）	雨量 （吋）	溫度	雨量	溫度	雨量
一月	57	1.7	57	0.8	39	0.8
二月	60	1.5	61	1.4	43	1.1
三月	65	2.8	66	1.8	53	1.3
四月	74	4.0	74	3.1	62	3.3
五月	82	5.8	82	5.9	69	7.8
六月	84	11.2	84	8.6	72	8.5
七月	84	19.5	84	9.1	76	7.8
八月	84	18.3	84	9.2	75	4.9
九月	82	10.1	82	5.5	71	5.1
十月	76	3.6	75	2.5	60	3.9
十一月	70	1.9	69	1.2	52	2.0
十二月	63	1.8	63	0.98	45	1.0

己、由最近渡薩爾溫江之作戰證明，雨季並不能阻
止戰鬥之進行。雲南以西之雨量（薩爾溫江以
西）較諸龍州地區之雨量，如無特殊情形，在
七、八月時則雲南以西之雨量較多。但雨季終
可影響交通，如道路路面不良或保養不佳，則
在雨季時將不能利用，甚至不能通過。

庚、據最近報告，敵人在占領區之交通線，如柳
州－貴平－桂縣－南寧－龍州－南松地區，均
已建立良好之交通網，道路狀況亦增進，現在
則希望在雨季時倭寇能盡力維持此一動脈。

辛、據報敵人破壞衡陽－廣東走廊地帶，如果敵人
在雨季到來以前，欲利用此路作為軍用品運輸
時，則此情報甚可懷疑。

壬、衡陽－柳州走廊地帶為敵人連接柳州、南寧地
區最可靠之運輸路，大量增援與重武器裝備，

在不良之天氣亦可通行無阻。

申、至雷州半島之道路，現時可改良用為由南寧地區運軍需之補助道路，如此可阻止空軍攻取海港。

癸、第二重要之交通線為西江以及其平行之道路，西江終年可航行，吃水五呎深之木船可通行至桂縣，在此地又有道路連接作運輸之用。此地區之雨季並不影響運輸，因在雨季水路可以運輸，如果在低水時期，則平行於水路之道路可以擔任大量運輸，所以在此地區終年交通運輸均可通行無阻。

酉、在「白塔」作戰計畫中，雖然在前期進攻多少要受氣節之影響，但在末期作戰中，良好氣候可以預期。

三、中國南部沿海港灣沙灘之研究

甲、除北海良好之港灣下節討論外，東京灣以北白龍尾與廣頭（Kwantau Point）（109° 02-21° 27）〔冠頭〕間約五十哩之地區未加測量。

乙、北海係廉州府港口，為鬱林江（Yuling River）以北六哩處之一城市，鬱林江可航行汽船與汽艇，北海港可停泊各種船舶。再者北海港北部有沙岸，向南則為開擴地，港灣之進口水位寬約一哩，深為十八呎。廣頭（Kwantau Point）海岸之南北岸邊以及沙灘之東南部，水位均同一深度。上述地區因海岸向東南延伸，故使北

海海灣未能向西擴展，廣頭東北約1¼海哩之海岸有絕壁，高約七十呎。再向東北以及東行則有沙丘，在廣頭、荻海（Tikok）（109° 04-21° 29）〔地角〕間有漁村，位於海岸東北2½哩處。海岸前之水位有六呎深，四分之三哩寬，至荻海之水道已減至半哩寬矣。沙灘之南部已變成乾地，在 1923 年據說已向南延伸至荻海以北 3,600 呎處，在荻海以外港灣之水深為廿呎－卅呎，北海即位於該港南部約在荻海以東二哩處。

丙、東京灣之東北邊即為雷州半島之西邊，在廣頭與羅沙（Nau Sa Point）（109° 51-20° 23）〔流沙〕間約八十哩之地區未加測量，在海岸外有許多堤岸與釣魚處。在廣頭以東卅哩處，東京灣之東北端有一港灣，其進口處寬約二十哩，惠州島（Wai Chow Tao）即在其入口處。此港灣有無數海岸夾雜其間，在沙岸之間有狹小河流通至安鋪，如熟該河之水性則可行駛木船。向內行則有一山，其西部頂點高 2,000 呎。羅沙（Nau Sa Point）低而傾斜並有火山石之山脊，其突出部頂端為海水所浸沒。在羅沙附近之海岸傾斜角度小而叢林滿處，傾斜角度逐漸升高以至克潘（Mount Carpenter）。在羅沙東北十四哩處有平原，因海南島要塞地區之戰略位置與中國海岸有連帶關係，故雷州半島之南端地區在此篇中未有所述。

丁、廣州在 1899 年中國租與法國，為期九十九
　　年。廣州灣屬廣東省，其入口處寬約一哩，兩
　　邊為狹而堅之海岸，灣中之航行水道寬僅九百
　　呎，兩邊有較灘，其支流至內地有深至二十四
　　呎者。廣州灣之海岸低而多沙，海岸均為乾軟
　　泥土形成，又有許多紅色土質之絕壁與樹木蔭
　　蔽之鄉村點輟其間。灣中之停泊所離海岸六百
　　呎，在莫達博（Mount Du Boaguer）（110°
　　32' -21° 06'）之西南，其水深約四十二呎。

戊、貝牙（Fort Bayard）城位於買曲河（Matshe
　　River）口之西邊，其主要停泊所與碼頭位於
　　城市繁盛區之東部，停泊所長約 1,000 呎，碼
　　頭長約 280 呎，寬約 560 呎。船舶通常停泊於
　　貝牙馬頭外端東北四分之一哩寬之處，水深
　　三十九呎。

己、赤坑為廣州灣之商業中心，船舶能停於克拉番
　　（Pointe Dela Carasaul）（110° 25' -21° 14'）
　　以北約二哩處，水深在卅呎以內。

庚、由廣州灣至東部海岸為低而多沙之地，海岸線
　　未詳細測量。

辛、南灣陽（Nyehwanyun）（110° 37' - 21° 15'）港
　　可行駛淺底船舶，位鑑江以上五哩處。由鑑
　　江入口起，海岸一直下降。向東北方向行約
　　二十四哩處有 515 呎之絕壁，此海岸未測量。

壬、小東港之入口處狹而淺，位於半島之尖端
　　東北部。小東港另有一深六呎之海灣位於小

東港入口處西南二、三哩處。在入口處北約
五哩處，有淺水河流通至小東。小東為郭州
（Kochow）之港灣，兩地距離卅五哩，郭州
為一出口貿易地。

申、電白為中國南部主要之鹽港，在水漲時由小河
可行駛汽船直達，港中有支流通至他處。電白
城位於河流之東部以及雷門（Ram Tau）半島
（111° 15' -21° 23'）西北端之間。

癸、由雷門起海岸趨向於東北七哩處，在此處與以
東六哩間有一淺水港灣。

酉、胡林山港（Huiling-san）（111° 45' -21° 35'）
位於胡林山島西南端，此港西南向，當東北風
起時為一良好隱蔽港，水深由 24 呎 － 36 呎。

生、深灣（Deep Bay）港位於胡林港與臺梧
（Taao）（112° 12' -21° 44'）東南端之間（此
港未測量），陽江之水即匯於深灣。陽江口之
西海灣兩岸為淺沙岸，寬約四－五哩，入口
■■■十哩處，深寬約二哩。陽江城位於江之
上游三哩處，臺梧灣位於深灣之東端，水甚
淺，但尚未測量。

有、在臺梧以東七哩與雅門（Yai-men）以西間東
北約■哩，此段海岸全未測量。海岸離港甚
遠。海亞（Haiya）之南端有小島，位於臺梧
以東十八哩處，河流寬約 1 ½ 哩，在海員以
西與海岸間行。此河水深二十四呎－四十二
呎，進口處水深六呎－十呎。

（一）在雷州半島附近之港灣形勢，應詳加研
　　　究並應計算可能運輸之■■■及白塔作
　　　戰計畫中之補給能力等項。

（二）■……

三、白塔作戰計畫指導要圖

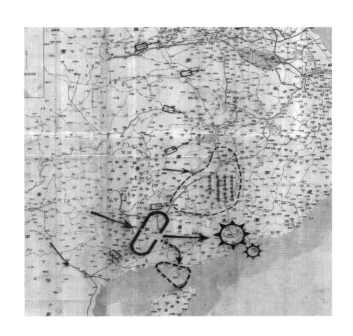

圖例

主攻

協力攻擊

助攻

輔助攻擊

初期攻擊目標

協力攻擊目標區

最後攻擊目標

作戰指導要領

一、主攻正面

　　（甲）第一期－「白塔」作戰計畫一

　　　　　目標日期：一九四五年八月一日

　　　　　攻克並確保柳州－南寧地區

　　（乙）第二期－「白塔」作戰計畫二

　　　　　開始日期：九月一日

　　　　　1. 集結部隊於柳州－南寧地區，準備次期
　　　　　　 之作戰

　　　　　2. 成立柳州－呂宋間空運線

　　（丙）第三期－「白塔」作戰計畫三

　　　　　目標日期：十一月十五日

　　　　　繼續向廣州－香港地區推進

　　　　　（附）協力攻擊

　　　　　以協力廣－港區之作戰為目的，向雷州半
　　　　　島地區推進，以攫取供應港口

　　（丁）第四期

　　　　　目標日期：十二月十五日

　　　　　繼空中轟炸軟化敵防禦設施後，攻略並確
　　　　　保廣－港地區

二、助攻正面

　　（甲）牽制攻擊

　　　　　目標日期：八月十五日

　　　　　1. 北翼－向芷江以東地區挺進，以衡陽為
　　　　　　 目標，以牽抑長衡間敵

　　　　　2. 南翼－自蒙自、老街東南進，以河內為

目標，以牽抑越南之敵

（乙）輔助攻擊

目標日期：八月一日

以攻勢防禦作戰，牽制桂林、寶慶、常

德、宜昌、衡陽及西安以東之敵

（附註）第三及第四計畫之完成，端賴太平洋及西南

太平洋地區友軍之傾力支援

四、白塔作戰計畫工兵計畫要圖

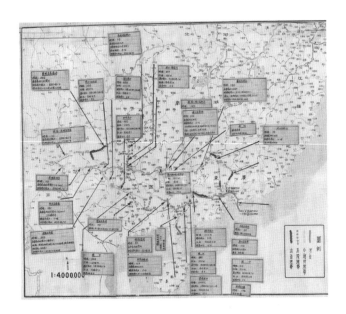

附記

1. 工兵計畫係應乎中國大後方各公路之最大運輸力，一般估計各路每二十四小時可運行卡車二百五十輛或六二五噸至前方兵站。

2. 華軍師屬工兵部隊負責保養自前方各兵站至第一線各部隊間之交通線（駄載運輸行列）。

3. 補給交通線獲得確保後，西南公路總局即可在委員長之命令下負責各交通線之修補，使達每二十四小時可有六二五噸運行力之水準，其人力則就地徵用民工，平均每日之修補量，估計當在十英里左右，

各公路河川之渡口之運行力，須增至每二十四小時
二五〇輛卡車渡馱（最大尺度為十英尺寬、四十尺
長）則就地徵用，或應情況之推進而隨時修造之。

4. 當進抵與公路平行可航行之河川時，應盡量利用
之，船舶與船伕則就地徵用。

5. 鐵道線一旦克復後，即當竭盡全力，使之盡可能的
恢復通車。

五、敵軍分布狀況並可能轉用兵力判斷要圖

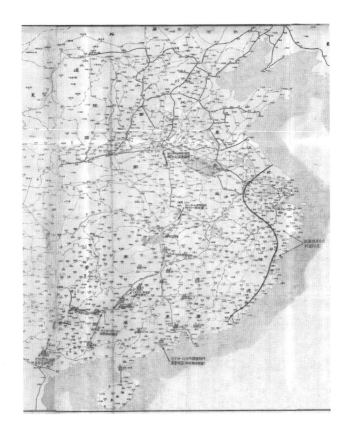

六、空軍作戰計畫要圖

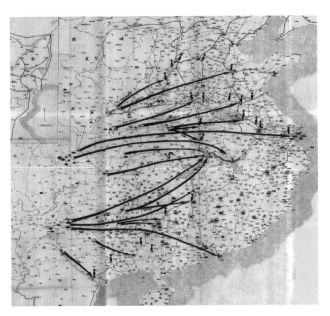

圖例

美軍

B-25

B-24

B-29

乾天氣戰鬥機

各季節戰鬥機

徵求同意構築之飛行場

構築中之飛行場

即將興築之飛行場

將予以擴大或徵求同意擴大之飛行場

被毀或為敵軍占領之飛行場

日軍

一級飛行場

二級飛行場

佈雷區

七、華軍兵力及分布狀況要圖

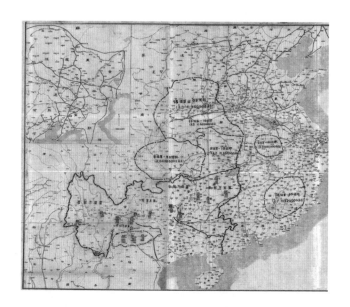

圖　例

「攻擊師」（美械裝備及美式訓練）駐區

「防禦師」——爾後可能重新裝備並訓練之駐區

其他「防禦師」及「防禦軍」駐區——估計其戰鬥力僅百分之十

八、中國戰區倭軍全般態勢判斷要圖

中國戰區倭軍全般態勢判斷要圖（I）

民國三十三年十二月九日

敵陸軍兵力統計（三十三年十二月九日渝字第 311 號）

計約四十八師又二個 iBs、戰車一個師、騎兵一個旅

北戰場（計約十一師又騎兵一個旅）

冀察戰區	平漢北段	15iBs	1iBs	計約一師半
	北寧南段 津浦北段	2iBs	9Bs	
魯蘇戰區	魯蘇	59D 63D	10iBs 14iBs	計約二師又 iBS(2)
八戰區	綏察	2Bs	24D?	計約一師半
二戰區	晉北 晉中	62D 114D	3Bs	計約三師半
	晉南	69D		
一戰區	豫北 豫中	110D 9iBs 5Bs	7Bs 4KB	計約二師又 iBS(1)、騎兵一旅

中戰場（計約十九師半）

三戰區	江浙皖南	60D 70D 61D	8Bs 6iBS	計約三師半又 iBs(1)
九戰區	贛鄂湘	3D 13D 27D 34D 37D 40D 58D 64D	68D 71D? 116D 17Bs 4iBs 5iBs 7iBs 12iBs	計約十二師半又 iBs(1)
五、六戰區	豫南 鄂中 皖中	39D 66D	1Bs 11iBs	計約二師半又 iBs(1)

南戰場（計約十七師半又iBs(2)）

七戰區	廣州潮汕	104D 22D 22Bs 香港 防衛隊	23Bs 19Bs 8iBs 13iBs	計約四師又 iBs(2)
越泰緬及滇西地區	越泰	10D? 21D	29Bs	計約二師半
	緬甸及滇西	2D 15D 18D 31D 33D 49D	53D 54D 55D 56D 24Bs 34Bs	計約十一師

轉用中

轉用中	31KD		計戰車一師

本週敵軍顯著動態

北戰場

一、據報本（十二）月四日洛陽增敵五千，陝州增敵二千，有蠢動說。

二、據報運城至茅津渡，敵趕修輕便鐵道，茅津渡至陝州敵架浮橋一座，可通行汽車，永濟風陵渡地區敵運輸頻繁。

三、據報隴海路鄭洛段敵已修竣，於十一月十六日通車。

中南戰場

一、黔桂粵方兩週來敵軍蠢動情況如左：

1. 敵 3D 之六聯隊二日北竄三合、八寨、五口，我軍反攻克八寨，六日克三合，敵向宜北潰退中。

2. 敵 13D 之一〇四聯隊，二日陷獨山，另股分犯平舟，八日我軍反攻克獨山，敵回竄，我軍正追擊中。

3. 敵 22D 一部由果德五日西竄果化，七日我反攻克果化，八日克果德、隆安。

4. 敵 21D 所部四日陷寧明、明江、續東，竄與南寧敵 22D 所部七日會合上思（桂越線敵已連通）。

二、據報長沙到敵傘兵千餘，武漢有敵運輸機百餘架訊（待證）。

三、據報岳陽至長沙鐵路敵已修復，僅撈刀河鐵橋尚未完成，另訊敵調第十三、十四、十五等三個鐵道聯隊在全縣趕築湘桂路。

四、閩海敵三百餘十一月廿六日在海口登陸西竄，與由東渡南竄敵會陷福清，廿九日經我反攻克福清，敵已回竄。

緬甸戰場

一、滇西本（十二）月一日我軍攻克遮放（CHEFANG），敵 2D、56D 所部向畹町（WANTING）潰竄。

二、緬（BURMA）北八莫（BHAMO）敵我巷戰，緬西本（十二）月二日盟軍攻克卡列瓦（KALEWA），五日渡更的宛河（CHINDWIN），續東進約一英里。

中國戰區倭軍全般態勢判斷要圖（II）

民國三十四年四月十四日

敵陸軍兵力統計（三十四年四月十四日渝字第 329 號）

共計約五十三師半、一個 iBs、一個TKD、一個KB

北戰場（計約十五師、三個iBs、一個KB、一個TKB）

冀察戰區	平漢北段	63D 2iBs 60Bs?	計約二師半、 1(iBS)
	北寧南段 津浦北段	8Bs 9Bs	
魯蘇戰區	魯蘇	59D 5Bs 65D 1iBs 113D	計約三師半、 1(iBS)
八戰區	綏察	25D? 2Bs 118D	計約二師半
二戰區	晉北中南	63D 10iBs 114D 14iBs 3B	計約二師半 2(iBs)
一戰區	豫北 豫中	110D 15iBs 115D 4KB 117D 5TKB	計約三師、 1(iBS)、1(KB)、 1(TKB)

中南戰場（計約二十四師、二個iBs、一個TKB）

三戰區	江浙閩皖南	47D 60D 51D 70D 86D	98D? 133D? 62Bs 63Bs 6iBs	計約八師、1(iBS)
四、九戰區	贛鄂湘粵桂	3D 13D 27D 34D 40D 58D	64D 68D 116D 5iBs 7iBs 6TKB	計約九師、 2(iBS)、1(TKB)
五、六戰區	豫南 鄂中	39D 1Bs 17Bs	11iBs 12iBs	計約二師、2(iBS)
七戰區	廣州 潮汕 瓊島	104D 22D 22Bs 19Bs	23Bs 8iBs 13iBs 香港 防衛隊	計約四師

越泰緬戰場（計約十三師半）

越泰緬地區	越泰	2D 15D 21D	37D 29Bs 34Bs	計約五師
	緬甸	18D 31D 33D 49D 53D	54D 55D 56D 24Bs	計約八師半

本週敵軍顯著動態

北戰場

一、豫西鄂北敵軍週來蠢動情況如左：

　　1. 敵110D 附戰車廿輛四月六日於重陽店（西峽口西）被我殲滅二千，其主力於十一、二兩日由西峽口、浙川間向內鄉撤退，另股由陝縣回竄長水鎮附近與我對戰。

　　2. 老河口八日失陷，十二日克復，敵115D 主力

及 3TKD、4KB 各一部向鄧縣東北回竄，另
股在李官橋附近與我戰鬥。

3. 我九日克南漳，十二日克茨河市（襄陽西），
同日敵 39D、5iBs、11iBs 所部萬人回竄南漳
東南，有向南撤退樣，另訊敵 39D、5iBs 已
有一部回竄宜昌、沙市。

二、據報平漢路以東我軍連日廣泛襲擊豫西敵後交
通要點，敵兵力極空虛。

三、據報敵 118D 踞大同，另訊運城增敵一師團經由
晉北開來。

中南戰場

甲、湘桂越方面

一、邵陽敵 116D 十日分股西犯，十二日竄抵三
口關、石高江、楓林舖之線，又東安敵 34D
所部十一日西犯李竹山，各與我對戰中。

二、據報岳陽敵五千於三月廿五日至廿八日開
衡陽。

乙、沿海方面

據報敵在蘇州成立華東方面軍，司令官松井太
久郎，指揮 3A 據杭州、7A 據上海、13A 據無
錫，分轄47D、50D、61D、70D、86D、99D?、
133D?、6iBs、62Bs、63Bs 及不明番號之另三個
師團。

越泰緬戰場

一、據報緬（BURMA）敵 2D、15D 已調越南，敵
17D 原在拉布爾，有在越南發現訊。

二、仰光（RANGOON）敵成立破壞指揮部，並積
　　極撤退僑民。

中國戰區倭軍全般態勢判斷要圖（III）

　　　　　　　　　民國三十四年七月十五日

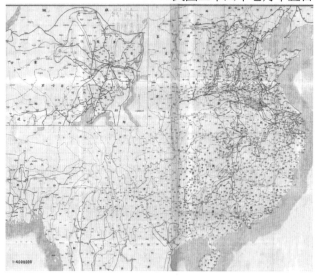

敵陸軍兵力統計（三十四年七月十五日渝字第 331 號）
共計約五十八個半師、1(iBs)、1(TKD)、1(TKB)、4(KB)

北戰場
（共約十四個半師、1(iBs)、1(KB)、3TKD 一部）

冀察戰區	平漢北段	63D 121D	8Bs 9Bs	計約三師
十戰區	魯蘇	59D 65D 110D	113D 5Bs 1iBs	計約四師半、1(iBS)
八戰區	綏察	25Bs 83Bs	2Bs	計約一師、1(Bs)
二戰區	晉北中南	114D ■■■■	10iBs 14iBs	計約二師 2(iBs)
一戰區	豫北 豫中	115D 117D 1Bs 92Bs	15iBs 4KB 3TKD 一部	計約三師、1(iBS)、1(Bs)、3TKD 一部、1(KB)

沿海戰場（共約九個師、1(iBs)、1(Bs)、3TKD 主力）

三戰區	江浙閩皖南	39D 47D 60D 61D 69D 70D	116D 98D 3TKD 主力 62Bs 6iBs	計約九師、1(iBS)、1(Bs)、3TKD 主力

中南戰場（共約十三個師、1(iBs)、3(KB)）

五、六戰區	豫南 鄂中	132D 17Bs 11iBs 12iBs	■Bs 5KB 13KB	計約二師半、2(KB)
二、三、四方面軍九戰區	贛鄂湘粵桂	27D 58D 64D 89D 131D	86Bs 88Bs 7iBs 9KB	計約六師、1(iBS)、1(KB)
七戰區	廣州 潮汕 瓊島	104D 129D? 22Bs 19Bs	23Bs 8iBs 13iBs 香港防衛隊	計約四師半

越泰緬戰場（共約十四個師）

越泰緬地區	越泰	■ D ■ D ■ D	■ D ■ D ■ Bs	計約五師半
	緬甸	31D 33D 49D 53D 54D	55D 24Bs 34Bs 72Bs	計約八師半

轉用中部隊

轉用中	3D 13D 15D 18D	34D 40D 118D	計約七師

本週敵軍顯著動態

北戰場

一、據報內鄉敵千人、戰車百輛，於七月五日開南
陽，又新鄉敵 117D 一部，傳於六月中旬調南
陽，有轉據豫西樣。

二、晉南敵徵集民伕在風陵渡沿河加強工事中。

中南戰場

一、贛州敵 27D 於十月七、八兩日分兩股北犯，其
一股千人，七日竄贛州以北之樟屋壩，另兩股
萬人沿贛江兩側十二日抵大湖江楊村，又一股
沿遂贛公路北竄，於十二日會合楊村，敵續北
竄，我軍九日克大庾，十日克南康。

二、贛江敵徵集民船八百艘，載物資北運。

三、桂境我軍於七月七日克雒容，十日克中渡、鹿
寨，敵 58D 所部破壞桂林機場。

四、閩境沿海鎮海敵數百於七月九日竄虎頭山，

十一日竄抵漳浦附近，另黃岡敵（潮安東南）
五百向韶安竄犯中。

五、文件證實曲江敵 131D，由 40D、64D 各抽一部
為基幹編成，又俘供湘桂路敵 88Bs 係由 13D、
34D 老兵抽編而成。

沿海戰場

一、據報寧波發現敵 89Bs，所轄大隊待查。

二、上海敵趕築沿海各地公路，並運到毒氣彈甚多。

南亞戰場

一、我軍於七月五日克鎮南關，又高平（CAOBANG）
敵 22D 所部分股北竄碩龍、龍邦中。

二、緬（BURMA）敵於七月七日渡過西湯河
（SITTANG）向培古（PEGU）東北之密特克約
（MYITKYO）反撲，九日陷該地。

補列

一、據報衡山敵二萬於七月五日開湘鄉、石潭。

二、據報鄂西宜昌、當陽、沙市、潛江敵近將各倉
庫糧彈被服東運漢口，企圖待查。

九、日本陸軍動員兵力總判斷表

（機密第 00005 號）

民國三十四年六月八日軍令部第二廳第一處

區分	番號	備考
常備師團	G1D 1D 2D 3D 4D 5D 6D 7D 8D 9D 10D 11D 12D 13D 14D 15D 16D 17D 18D 19D 20D	第一次大戰時原有兩旅團四步兵聯隊制常備師團二十一個（GD、1D-20D），戰後取消 13D、15D、17D、18D 等四個師團。九一八事變後恢復二十一個師團，並於民三十年春先後改為三步兵聯隊制。
增編師團	G2D G3D 21D 22D 23D 24D 25D 26D 27D 28D 29D 30D 31D 32D 33D 34D 35D 36D 37D 38D 39D 40D 41D 42D 43D 44D 45D? 46D 47D 48D 49D 50D 51D 52D 53D 54D 55D 56D 57D 58D 59D 60D 61D 62D 63D 64D 65D 66D 68D 69D 70D 71D 72D 73D 77D 81D 84D 86D 91D 93D 94D 100D 102D 103D 104D 105D 107D 108D 109D 110D 111D 112D 113D 114D 115D 116D 117D 118D 119D 120D 121D 131D 132D 133D XD XD XD	自二十六年以來日本增編師團如次： 一、二十六年編成 101D、108D、109D、114D 等兩旅四聯隊制預備役師團四個。 二、二十七年續編 104D、106D、110D、116D 等兩旅四聯隊制預備役師團四個，並增編 21D-27D 等三聯隊制師團七個。 三、二十八年三月編 32D-37D 等六個師團，九月以由東北敵 1D、2D、4D、7D、8D、12D 等師團中抽調一部為基幹編成 38D-41D 等四個師團，均三聯隊制。 四、二十九年春取消 101D、106D、108D、109D、114D 等預備役師團番號，以 101D、105D、108D 為基幹改編 51D-57D 等三聯隊制師團七個，並以 108D、109D 改編 6Bs-15Bs。 五、三十年一月將 47R/6D 及臺 1R、臺 1R 湊編 48D，春間將各四聯隊制常備師團改為三聯隊制，而以抽出之各一個聯隊編 28D-31D 等三聯隊制師團四個。 六、三十一年春將第六二獨立步兵團改編 42D，為三聯隊制。夏秋間將在華之 18Bs、10Bs、11Bs、14Bs、18Bs 及 2Bs 重編 5D-6D、6D-10D 等兩旅八大隊制師團六個。 七、三十二年春將 4Bs、6Bs 及 15Bs 合編 62D、63D，將 12Bs、13Bs 擴編 64D、65D，均兩旅八大隊制。夏間將第六一、第六三、第六六、第六七獨立步兵團改編 61D、43D、

區分	番號	備考
增編師團		46D、47D 等四個師團。夏冬間編62D、50D、71D 等三個師團，均三聯隊制。 八、三十三年春編 G3D、44D、45D、72D、73D、77D、81D、84D、86D（45D 待查，均三聯隊制）、91D、109D（兩旅十二大隊制）等師團十一個。又以第六四獨立步兵團改編 49D 為三聯隊制，以 30Bs、31Bs、32Bs 及 33Bs 擴編 100D、102D、103D、105D 等兩旅八大隊制師團四個。夏冬間編 66D、93D、94D、107D、108D、111D、112D、119D、120D 三聯隊制師團九個，並將在華之 2iBs、3iBs、4iBs、9iBs 及 7Bs 擴編 121D、114D、117D、118D、115D 等五個師團。又113D 似亦由在華之 (Bs) 或 (iBs) 改編而成，均兩旅八大隊制。 九、三十四年一月編成 131D、132D、133D 等兩旅八大隊制師團，據報上海方面似尚有三個新編師團，番號待查。

常備師團 21 個師，增編師團 87 個師，小計 108 個師。

區分	番號	備考
戰車師團	1TKD 2TKD 3TKD 4TKD	一、3TKD 係三十二年夏由在華之 1KB 改編而成，1TKD、2TKD 似亦在同期由東北之 2KB、5KB 改編而成，4TKD 似係三十三年冬編成。 二、1TKD 轄 1TKR、3TKR、23TKR，2TKD 轄 6TKR、7TKR、10TKR，3TKD 轄 8TKR、12TKR、13TKR、17TKR，4TKD 似轄 28TKR、29TKR、30TKR。

戰車師團小計 4 個戰車師。

區分	番號	備考
留守師團	G2D 2D 3D 4D 5D 6D 7D 19D 20D 30D 51D 52D 53D 54D 55D 56D 57D	據歷次所獲敵件統計，發現有 GD、G2D、1D-12D、14D、16D、19D、20D、30D、48D、51D-57D 等二十七個留守師，但近所獲敵件中只有 G2D、2D、3D、4D、5D、6D、7D、19D、20D、30D、51D-57D 等十七個番號。

留守師團小計 17 個留守師。

區分	番號	備考
獨立混成旅團	1Bs 2Bs 3Bs 5Bs 8Bs 9Bs 17Bs 19Bs 22Bs 23Bs 24Bs 25Bs 26Bs 27Bs 28Bs 29Bs 34Bs 35Bs 36Bs 37Bs 38Bs 39Bs 40Bs 43Bs 44Bs 45Bs 47Bs 48Bs 49Bs 50Bs 51Bs 52Bs 53Bs 54Bs 55Bs 56Bs 57Bs 58Bs 59Bs 60Bs 61Bs 62Bs 63Bs 64Bs 66Bs 69Bs 70Bs 71Bs 72Bs 86Bs 87Bs 92Bs 樺太 Bs	一、1Bs-20Bs 係七七事變後迄三十二年春依侵華戰爭之進展逐次編成（其中之 4Bs、6Bs、10Bs、11Bs、12Bs、13Bs、14Bs、15Bs、16Bs、18Bs 及 20Bs 等已先後擴編為師團），21Bs 係三十年秋由 170R/104D 等在華湊編而成，開越南及所島作戰，三十三年春撤銷。22Bs、23Bs 係三十二年春在華編成。 二、24Bs-37Bs 係三十二年秋在南洋成立，其中之 25Bs-28Bs、30Bs-32Bs 係由第十五、第十六、第三、第十四，第十、第十一、第十七獨立守備隊改編（30Bs、31Bs、32Bs、33Bs 已於三十三年春擴編 100D、102D、103D、105D 師團），38Bs 及 40Bs 係三十三年夏由 91R/17D 及 230R /38D 等湊編而成，39Bs 係同時期由 4Rs、5Rs 合編而成。43Bs-53Bs 係三十三年春由原在南洋之派遣隊及由東北抽調兵員合編而成（47Bs 由第一派遣隊，48Bs 由第六派遣隊，49Bs 由第九派遣隊，50Bs 由第七派遣隊，51Bs 由第二、第八派遣隊改編而成），其 46Bs 於同年秋擴編為 66D。54Bs、55Bs、56Bs、57Bs、58Bs、59Bs、60Bs、61Bs、62Bs、63Bs、64Bs、66Bs、69Bs 係三十三年夏秋間編成（47Bs 由第一派遣隊，48Bs 由第六派遣隊，49Bs 由第九派遣隊，50Bs 由第七派遣隊，51Bs 由第二、第八派遣隊改編而成），其 46Bs 於同年秋擴編為 66D。54Bs、55Bs、56Bs、57Bs、58Bs、59Bs、60Bs、

區分	番號	備考
		61Bs、62Bs、63Bs、64Bs、66Bs、69Bs 係三十三年夏秋間編成（58Bs 似由第十二派遣隊，59Bs 似由 8Rs 擴編），70Bs、71Bs、72Bs 係三十三年冬編成，86Bs、87Bs、92Bs 係三十四年春間編成。 三、 樺太 Bs 為庫頁島之守備部隊，原有之 GBs 及臺灣 Bs 在最近所獲之敵件中已不存在，判斷似已改編其他部隊。 四、 在華之 Bs 均為五個獨立步兵大隊制，太平洋之 Bs 則轄四至八個獨立步兵大隊不等，但 38Bs 轄 81R，39Bs 轄 4Rs、5Rs，40Bs 轄 230R、1Rs。
步兵旅團	65B 68B	三十年冬編成第六一至第六七獨立步兵團。三十二年夏至三十三年春間，第六五獨立步兵團改為 65B，其餘獨立步兵團則擴編為師團，68B 係卅三年春間編成。
獨立步兵旅團	1iBs 5iBs 6iBs 7iBs 8iBs 10iBs 11iBs 12iBs 13iBs 14iBs 15iBs	1iBs-15iBs 等十五個獨立步兵旅團係三十三年春在華成立，每旅轄四個獨立步兵大隊。同年冬，3iBs、4iBs、9iBs 擴編為 114D、117D、118D。2iBs 似已擴編為 121D。
海上機動旅團	第一－第四海上機動機團	該四個海上機動旅團係三十三年春間編成，為在太平洋島嶼之兩棲部隊。

獨立混成旅團 53 個旅，步兵旅團 2 個旅，獨立步兵旅團 11 個旅，海上機動旅團 4 個旅，小計 70 個旅。

區分	番號	備考
國境守備隊	1BG 2BG 3BG 4BG 5BG 6BG 7BG 8BG 9BG 10BG 11BG 12BG 13BG 14BG	敵原有 1BG-13BG 等十三個國境守備隊。係七七事變後，依與蘇聯國境毗連得勢逐次編成之特設部隊，各轄一至五個地區隊不等，14Bs 似係三十四年冬間編成。
獨立守備隊	1iG 5iG 7iG 9iG 12iG 18iG 阿爾山駐屯隊 琿春駐屯隊 香港防衛隊	一、「九一八」後，敵在東北逐次編成 1iG-9iG 擔任東北鐵道守備。三十三年春 2iG、3iG、4iG、6iG、8iG 等調南洋另編其他部隊。 二、「一二八」敵發動南洋侵戰，逐次編成 10iG-18iG，均在南洋各地擔任鐵道守備。三十二年秋，10iG、11iG、13iG、14iG、15iG、16iG、17iG 等改編為獨立混成旅團。 三、阿爾山、琿春駐屯隊、香港防衛隊為各該地區之守備隊。

國境守備隊14個隊，獨立守備隊9個隊，小計23個隊。

區分	番號	備考
獨立混成聯隊	7Rs 9Rs 10Rs 11Rs 12Rs 13Rs 14Rs 15Rs 16Rs 17Rs 18Rs 21Rs 22Rs 25Rs 26Rs 27Rs 101Rs	敵 1Rs-5Rs、7Rs-10Rs、21Rs、22Rs、25Rs-27Rs、101Rs 等二十二個獨立混成聯隊，均係在三十三年內發現，9Rs 由第五派遣隊，10Rs 由第六派遣隊，11Rs 由第三派遣隊改編而成，但 2Rs 及 3Rs 已於三十三年七月編入 17D 及 38D，1Rs 及 4Rs、5Rs 編入 40Bs、39Bs，8Rs 則擴編為 69Bs。

獨立混成聯隊小計 17 個聯隊。

區分	番號	備考
騎兵旅團	3KB 4KB	敵原有 1KB-5KB 等五個騎兵旅團，其 1KB、2KB、5KB 於三十二年夏改編戰車師團。

騎兵旅團小計 2 騎兵旅。

區分	番號	備考
戰車 聯隊	2TKR 4TKR 5TKR 9TKR 11TKR 14TKR 15TKR 16TKR 18TKR 19TKR 20TKR 21TKR 22TKR 24TKR 25TKR 26TKR 27TKR	敵原有 1TKR-27TKR 等二十七個 戰車聯隊，其中之 1TKR、3TKR、 6TKR、7TKR、8TKR、10TKR、 12TKR、13TKR、17TKR、23TKR、 28TKR、29TKR、30TKR 等十三個戰 車聯隊已編入 1TKD-4TKD。

戰車聯隊小計 17 個聯隊。

區分		備考
合 計	108(D) 53(Bs) 2(B) 11 (iBs) 4（海機旅） 17 (Rs) 23（隊）　　約合153½(D) 　　　　　4 (TKD) 　　　　　17（留守師） 　　　　　2 (KB) 　　　　　17 (TKR)	(Bs) 以兩個折算一個師團，(B)、 (iBs)、(Rs)、海機旅、各種守備隊 以三個折算一個師團

附記

一、本表係根據三十四年五月下旬以前諸情報綜合判斷
　　調製而成。

二、敵陸軍師團有左列五種編制：

　　1. 甲種 A 師團

　　　　汽車編制約二萬六千人

　　　　1D、8D、12D

　　　　輓馬編制約三萬一千人

　　　　23D

　　　　共四個師團

　　2. 甲種 B 師團

　　　　輓馬編制約二萬一千人

G2D、2D、3D、4D、5D、6D、7D、10D、
16D、18D、20D、34D、51D、57D

馱馬編制約二萬五千人

9D、11D、25D、28D

共十八個師團

3. 乙種師團

汽車編制約一萬五千人

13D、15D、17D、21D、34D、35D、36D、
37D、46D、52D、66D

輓馬編制約一萬五千人

G1D、26D、30D、31D、32D、33D、42D、
43D、44D、45D?、53D、54D、56D、61D、
71D、72D、73D、81D、86D、112D

馱馬編制約一萬六千人

G3D、18D、22D、27D、29D、38D、39D、
40D、41D、47D、48D、49D、50D、55D、
77D、84D、93D、104D、110D、116D

共五十一個師團

4. 丙種師團

十二大隊制約一萬七千人

91D、109D

八大隊制約一萬三千人

58D、59D、60D、62D、63D、64D、65D、
68D、69D、70D、100D、102D、103D、
105D、113D、114D、115D、117D、118D、
121D、131D、132D、133D

共二十五個師團

5. 島嶼師團

約一萬四千人

19D

編制待查

94D、107D、108D、111D、112D、120D、XD、

XD、XD

共九個師團

三、敵 1D、16D、26D、29D、43D、47Bs、48Bs、68B、

10Rs、9TKR 等在太平洋戰爭中已被殲滅，其 6D、

14D、17D、20D、35D、36D、38D、41D、51D、

52D、102D、28Bs-40Bs、48Bs-53Bs、65B、海機旅、

11Rs、14Rs 等已喪失戰鬥力。

四、敵三聯隊制師團中，其 G2D、1D、2D、4D、5D、

7D、10D、12 D、14D、15D、16D、19D、20D、

21D、22D、23D、24D、30D、32D、33D、34D、

35D、38D、43D、48D、51D、53D、54D、56D、

57D、119D 等三十一個師團有搜索聯隊，26D 及

27D 兩個師團僅有搜索隊。

五、敵三聯隊制師團中，其 7D、9D、11D、13D、18D、

19D、21D、22D、25D、27D、28D、29D、33D、

36D、37D、38D、40D、41D、48D、52D、55D、

72D、93D 等二十三個師團砲兵為山砲兵聯隊，其

餘均為野砲聯隊。

六、除騎兵旅團、海上機動旅團、戰車聯隊之外，其餘

特種兵均未列入表內。

十、倭海空軍兵力配備判斷要圖

倭海空軍兵力配備判斷要圖（I）

民國三十四年六月八日

軍令部第二廳第一處調製

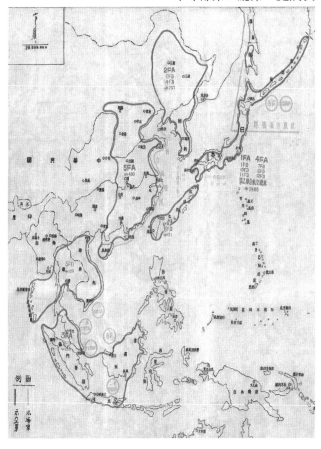

敵艦隊編制判斷表（三十四年六月八日）

艦隊區分		主要艦種	艘數	防衛區
聯合艦隊	第一艦隊	戰鬥艦	6	本土迄琉球群島
		重巡洋艦	2	
		輕巡洋艦	4	
		驅逐艦	5	
	第二艦隊	重巡洋艦	2	
		輕巡洋艦	5	
		驅逐艦	5	
	第三艦隊	航空母艦	3	
		改裝航空母艦	3	
		輕巡洋艦	4	
		驅逐艦	5	
	第四艦隊	改裝巡洋艦	2	
		驅逐艦	1	
		驅潛艇	15	
	第六艦隊	潛水艦	37	加羅林群島至本土間
		潛水母艦	3	
		驅潛艇	4	
	附屬	水上機母艦	1	
		飛機運送艦	1	
北東方面艦隊	第五艦隊	改裝巡洋艦	4	千島群島
		驅潛艇	5	
		海防艦	2	
		佈雷艦	2	
		潛水艦	8	
		潛水母艦	1	
	第十二航空艦隊	改裝航空母艦	2	
		飛機運送艦	2	
		驅潛艇	2	
南遣艦隊	第一南遣艦隊	改裝巡洋艦	1	越泰緬馬
		掃雷艦	2	
		佈雷艦	2	
	第三南遣艦隊	掃雷艦	2	
		佈雷艦	2	
	第十一航空艦隊	飛機運送艦	2	

艦隊區分		主要艦種	艘數	防衛區
南遣艦隊	第二南遣艦隊	改裝巡洋艦	1	荷印群島
		海防艦	2	
		掃雷艦	2	
		佈雷艦	2	
	第八艦隊	潛水艦	13	
		潛水母艦	2	
		魚雷艇	8	
中國方面艦隊	第一遣華艦隊	砲艦	5	華中
		巡邏艦	2	
		小砲艦	30	
	第二遣華艦隊	海防艦	2	華北
		砲艦	5	
		魚雷艇	2	
		掃雷艦	2	
		巡邏艦	6	
	第三遣華艦隊	砲艦	4	華南
		掃雷艦	3	
		巡邏艦	5	
		魚雷艇	2	
		驅潛艇	4	

備考

一、艦種合計

戰鬥艦	6	航空母艦	3	重巡洋艦	4
輕巡洋艦	13	驅逐艦	16	改裝巡洋艦	8
改裝航空母艦	5	潛水艦	58	驅潛艇	31
水上機母艦	1	潛水母艦	6	飛機運送艦	5
海防艦	6	佈雷艦	8	掃雷艦	12
魚雷艇	12	砲艦	14	巡邏艦	12
其他艦艇	若干				
共計大小約 240 艘					

二、三十三年十月十日迄二十五日,臺琉菲海空戰中,
及三十四年三月十九日美航艦機襲吳港,敵前後受
傷之軍艦,除修復者外,尚有戰艦、航空母艦各
二艘。

三、迄三十四年六月四日敵本土所受盟機投彈已達十萬
　　噸以上，若盟機繼續轟炸，則敵所受傷軍艦似不能
　　修復。

敵空軍兵力配置判斷表

地區	部隊	機數	備考
日本本土	第一、四航空軍第一、七、六、十、十一、十二等飛行師團	2,488	敵本土原有第 X、XX 聯合航空總隊，機數不明。
東北朝鮮	第二航空軍之第二、第四飛行師團	257	在臺灣、中國海面似有第 X 聯合航空總隊，機數不明。
臺灣	第八飛行師團	121	
中國	第五航空軍所屬	400	
越泰緬馬蘇	第三航空軍之第五、第九飛行師團	256	
總計		3,522	

在華敵空軍機場統計表

戰場	大型機場數目	中小型機場數目	合計	總計
北戰場	25	38	63	
中戰場	28	96	124	211
南戰場	7	17	24	

敵陸軍航空兵團指揮系統表

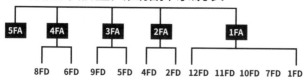

倭海空軍兵力配備判斷要圖（Ⅱ）

民國三十四年三月卅一日

軍令部第二廳第一處調製

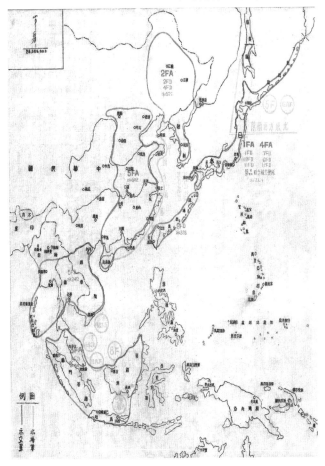

倭艦隊編制判斷表（三十四年三月卅一日）

艦隊區分		主要艦種	艦數	防衛區
聯合艦隊	第一艦隊	戰鬥艦	7	本土迄琉球群島
		重巡洋艦	2	
		輕巡洋艦	4	
		驅逐艦	6	
	第二艦隊	重巡洋艦	3	
		輕巡洋艦	6	
		驅逐艦	6	
	第三艦隊	航空母艦	4	
		改裝航空母艦	2	
		輕巡洋艦	4	
		驅逐艦	6	
	第四艦隊	改裝巡洋艦	4	
		驅逐艦	1	
		驅潛艇	20	
	第六艦隊	潛水艦	41	加羅林群島至本土間
		潛水母艦	3	
		驅潛艇	8	
	附屬	驅潛艇	12	
		水上機母艦	1	
		飛機運送艦	3	
北東方面艦隊	第五艦隊	改裝巡洋艦	4	千島群島
		驅潛艇	8	
		海防艦	2	
		佈雷艦	2	
		潛水艦	8	
		潛水母艦	1	
	第十二航空艦隊	改裝航空母艦		
		飛機運送艦		
		驅潛艇		

艦隊區分		主要艦種	艦數	防衛區
南遣艦隊	第一南遣艦隊	改裝巡洋艦	4	越泰緬馬
		掃雷艦	2	
		佈雷艦	2	
		驅潛艇	2	
	第三南遣艦隊	改裝巡洋艦	4	
		掃雷艦	2	
		佈雷艦	2	
		驅潛艇	3	
	第十一航空艦隊	改裝航空母艦	1	
		飛機運送艦	4	
		驅潛艇	4	
	第二南遣艦隊	改裝巡洋艦	4	荷印群島
		海防艦	2	
		掃雷艦	2	
		佈雷艦	2	
		驅潛艇	3	
	第八艦隊	潛水艦	8	
		潛水母艦	1	
		魚雷艇	8	
		登陸舟艇		
	附屬	水上機母艦	1	
		潛水艦	5	
		改裝航空母艦	2	
		潛水母艦	1	
中國方面艦隊	第一遣華艦隊	砲艦	5	華中
		巡邏艦	2	
		小砲艦	30	
	第二遣華艦隊	海防艦	1	華北
		砲艦	4	
		魚雷艇	2	
		掃雷艦	2	
		巡邏艦	6	
	第三遣華艦隊	砲艦	4	華南
		掃雷艦	3	
		巡邏艦	6	
		魚雷艇	2	
	附屬	海防艦	1	
		砲艦	1	
		驅潛艇	4	

備考

一、艦種合計

戰鬥艦	7	航空母艦	4	重巡洋艦	5
輕巡洋艦	14	驅逐艦	19	改裝巡洋艦	20
改裝航空母艦	5	潛水艦	62	驅潛艇	61
水上機母艦	2	潛水母艦	6	飛機運送艦	9
海防艦	6	佈雷艦	8	掃雷艦	12
魚雷艇	12	砲艦	14	巡邏艦	16
■■■■■防艦	3	其他艦艇	若干		
共計大小約 300 艘					

二、〔原件模糊，無法辨識〕

三、〔原件模糊，無法辨識〕

四、〔原件模糊，無法辨識〕

五、〔原件模糊，無法辨識〕

六、〔原件模糊，無法辨識〕

七、〔原件模糊，無法辨識〕

倭空軍兵力配置判斷表

地區	部隊番號	兵力（架）	備考
日本本土	第一、四航空軍第一、七、六、十、十一、十二等飛行師團	2,374	第 X、XX 聯合航空總隊，飛機 535 架。
東北朝鮮	第二航空軍之第二、第四飛行師團	527	在臺灣、中國海面第 X 聯合航空總隊，約飛機 385 架。
臺灣	第八飛行師團	325	
中國	第五航空軍所屬	602	
越泰緬馬蘇	第三航空軍之第五、第九飛行師團	392	
總計		4,220	陸軍機 3,300 架 海軍機 920 架

在華倭空軍機場統計表

戰場	大型機場數目	中小型機場數目	合計	總計
北戰場	25	38	63	
中戰場	28	96	124	211
南戰場	7	17	24	

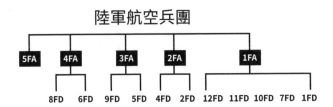

陸軍航空兵團

十一、目下敵陸軍動員兵力總判斷表

民國三十四年三月三十一日軍令部第二廳第一處調製

區分	番號	備考
常備師團	G1D 1D 2D 3D 4D 5D 6D 7D 8D 9D 10D 11D 12D 13D 14D 15D 16D 17D 18D 19D 20D	第一次歐戰時倭原有常備師團二十一個（GD、1D-20D）為兩旅團四步兵聯隊制，歐戰後曾三次裁軍，將 13D、15D、17D、18D 等四個師團撤銷。九一八事變後又重新恢復該二十一個師團，於三十年春間均已先後改為步兵三聯隊制。
預役備師團	104D 110D 116D	該三個師團係二十七年召集預備役兵為基幹編成，原為兩旅團四步兵聯隊制，三十年春間亦均改為步兵三聯隊制。
增編師團	G2D G3D 21D 22D 23D 24D 25D 26D 27D 28D 29D 30D 31D 32D 33D 34D 35D 36D 37D 38D 39D 40D 41D 42D 43D 44D 45D? 46D 47D 48D 49D 50D 51D 52D 53D 54D 55D 56D 57D 61D 66D 71D 72D 73D 77D 81D 84D 86D 93D 94D 107D 108D 111D 112D 118D 119D 120D	21D-27D 等七個師團係七七事變後逐次擴編而成，32D-37D 等六個師團係二十八年三月間，38D-41D 等四個師團係同年九月間由東北敵 1D、2D、4D、7D、8D、12D 等師團抽調一部為基幹編成，28D-31D 等四個師團係三十年春間由四聯隊常備師團中各抽調一個聯隊湊編而成，51D-57D 等七個師團係二十九年春間由華調返倭國之 101D、106D、108D 等師團改編成，48D 係三十年一月由 47i/6D 及臺 1i、臺 2i 湊編而成，42D 係三十一年春間由第六二獨立步兵團改編，61D、43D、46D、47D 等四個師團係三十二年夏間由第六一、第六三、第六六、第六七獨立步兵團改編，49D 係三十三年春間由六四獨立步兵團改編，G3D、44D、72D、77D、81D、86D 等六個師團係三十三年春間編成，G2D、50D、71D 係三十二年夏冬間，45D、73D、84D 似係三十三年春間編成，66D、94D、107D、108D、111D、112D、118D、19D、120D 係三十三年夏冬間編成（66D 由 46Bs，119D 由第八國境守備隊改編），以上五十七個師團均係步兵三聯隊制。

區分	番號	備考
改編師團	58D 59D 60D 62D 63D 64D 65D 68D 69D 70D 91D 100D 102D 103D 105D 109D 113D? 114D 115D 117D	一、58D、59D、60D、68D、69D、70D 等六個師團係三十一年夏秋間由華之 18Bs、10Bs、11Bs、14Bs、16Bs 及 20Bs 改編而成。62D、63D 及 64D、65D 等 四個師團係三十二年春間由在華之 4Bs、6Bs、15Bs 及 12Bs、13Bs 改編而成。100D、102D、103D、105D 等四個師團係三十三年夏間由菲島之 30Bs、31Bs、32Bs 及 33Bs 改編而成。91D、109D 似係三十三年春間由踞在太平洋之 (Bs) 改編而成。114D、117D 係三十三年夏由在華之 3iBs、4iBs 改編而成。113D、115D 似係三十三年秋間由在華之 (Bs) 或 (iBs) 改編而成。二、91D、109D 似係轄十二個 (Bs)，其餘均係八個 (Bs) 制。

常備師團 21 個師，預備役師團 3 個師，增編師團 57 個師，改編師團 20 個師，小計 101 個師。

區分	番號	備考
戰車師團	1TKD 2TKD 3TKD 4TKD	一、3TKD 係三十二年夏間由在華之 1KB 改編而成，1TKD、2TKD 似亦在同時間內由東北之 2KB、5KB 改編而成，4TKD 似係三十三年冬間編成。二、1TKD 轄 1TKR、3TKR、23TKR，2TKD 轄 6TKR、7TKR、10TKR，3TKD 轄 8TKR、12TKR、13TKR、17TKR，4TKD 編制待查。

戰車師團小計 4 個戰車師。

區分	番號	備考
留守師團	G2D 2D 3D 4D 5D 6D 7D 19D 20D 30D 51D 52D 53D 54D 55D 56D 57D	據歷次所獲之敵件統計，發現有 GD、G2D、1D-12D、14D、16D、19D、20D、30D、48D、51D-57D 等二十七個留守師，但據近所獲之敵件中所載只有 G2D、2D、3D、4D、5D、6D、7D、19D、20D、30D、51D-57D 等十七個番號。

留守師團小計 17 個留守師。

區分	番號	備考
獨立混成旅團	1Bs 2Bs 3Bs 5Bs 7Bs 8Bs 9Bs 17Bs 19Bs 22Bs 23Bs 24Bs 25Bs 26Bs 27Bs 28Bs 29Bs 34Bs 35Bs 36Bs 37Bs 38Bs 39Bs 40Bs 43Bs 44Bs 45Bs 47Bs 48Bs 49Bs 50Bs 51Bs 52Bs 53Bs 54Bs 55Bs 56Bs 57Bs 58Bs 59Bs 61Bs 62Bs 63Bs 66Bs 69Bs 70Bs 71Bs 樺太 Bs	一、1Bs-20Bs 係七七事變後迄三十一年春間依侵華戰爭之進展逐次編成（其中之4Bs、6Bs、10Bs、11Bs、12Bs、13Bs、14Bs、15Bs、16Bs、19Bs 及 20Bs 等已先後改編為師團），21Bs 係三十年秋間由170i/104D 等在華湊編而成，開越南及所島作戰，在三十三年春間撤銷。22Bs、23Bs 係三十二年春間在華編成。 二、24Bs-37Bs 係三十二年秋間在南洋成立，其中之 25Bs-28Bs、30Bs-32Bs 係由第十五、第十六、第三、第十四、第十、第十一、第十七獨立守備隊改編（30Bs、31Bs、32Bs、33Bs 已於三十三年春間改編 100D、102D、103D、105D 師團），38Bs 及40Bs 係三十三年夏間由 81i/17D 及 230i/38D 等湊編而成，39Bs 係同時間由 4Rs、5Rs 合編而成。43Bs-53Bs 係三十三年春間由原在南洋之派遣隊並參加在東北抽調兵員合編而成（47Bs 由第一派遣隊，48Bs 由第六派遣隊，49Bs 由第九派遣隊，50Bs 由第七派遣隊，51Bs 由第二、第八派遣隊改編而成），其 46Bs 同同年秋間擴編為 66D。54Bs、55Bs、56Bs、57Bs、58Bs、59Bs、61Bs、62Bs、63Bs、66Bs、69Bs 係三十三年夏秋間編成（58Bs 似由第十二派遣隊，69Bs 係由 8Rs 擴編），71Bs、72Bs 係三十三年冬間編成。 三、樺太 Bs 為庫頁島之守備部隊，原有之GBs 及臺灣 Bs 在最近所獲之敵件中已不存在，判斷似已改編其他部隊。 四、在華之 Bs 均為五個獨立步兵大隊制，太平洋之 Bs 每旅各轄四至八個獨立步兵大隊不等，但 38Bs 係轄 81i，39Bs 係轄 4Rs、5Rs，40Bs 係轄 230i、1Rs。
步兵旅團	65B 68B	查敵於三十年冬間編成第六一至第六七獨立步兵團。三十二年夏至三十三年春間，第六五獨立步兵團改為 65B，其餘獨立步兵團則擴編為師團，68B 係卅三年春間編成。
獨立步兵旅團	1iBs 2iBs iBs 6iBs 7iBs 8iBs 9iBs 10iBs 11iBs 12iBs 13iBs 14iBs 15iBs	1iBs-15iBs 等十五個獨立步兵旅團係三十三年春間在華成立，每旅轄四個獨立步兵大隊。同年冬間，3iBs、4iBs、擴編為 114D、117D。

區分	番號	備考
海上機動旅團	第一－第四海上機動旅團	該四個海上機動旅團係三十三年春間編成，為在太平洋島嶼之兩棲部隊。

獨立混成旅團 48 個旅，步兵旅團 2 個旅，獨立步兵旅團 13 個旅，海上機動旅團 4 個旅，小計 67 個旅。

區分	番號	備考
國境守備隊	第一－七、第九－十三國境守備隊	敵原第一至第十三等十三個國境守備隊。係七七事變後，依蘇聯邊境地區之狀況逐次編成之特設部隊，各轄一至五個地區隊不等，其第八國境守備隊於三十三年冬間已改編 119D。
獨立守備隊	第一、第五、第七、第九、第十二、第十八獨立守備隊阿爾山駐屯隊暉春駐屯隊香港防衛隊	一、「九一八」後，敵侵占東北，逐次編成第一－第九獨立守備隊，在東北擔任鐵道守備。三十三年春間第二、第三、第四、第六、第八獨立守備隊調南洋另編其他部隊。 二、「一二八」敵發動南洋侵戰，逐次編成第十一－第十八獨立守備隊，均在南洋各地擔任鐵道守備。三十二年秋間，第十、第十一、第十三－第十七獨立守備隊改編為獨立混成旅團。 三、阿爾山、暉春駐屯隊、香港防衛隊為各該地區之守備隊。

國境守備隊 12 個隊，獨立守備隊 9 個隊，小計 21 個隊。

區分	番號	備考
獨立混成聯隊	7Rs 9Rs 10Rs 11Rs 12Rs 13Rs 14Rs 15Rs 16Rs 18Rs 21Rs 22Rs 25Rs 26Rs 27Rs 101Rs	敵原有 1Rs-5Rs、7Rs-16Rs、18Rs、21Rs、22Rs、25Rs-27Rs、101Rs 等二十二個獨立混成聯隊，均係在三十三年內發現，9Rs 由第五派遣隊，10Rs 由第六派遣隊，11Rs 由第三派遣隊改編而成，但2Rs 及3Rs 已於三十三年七月編入17D 及38D，又1Rs 及4Rs、5Rs 已編入40Bs、39Bs，8Rs 則擴編為69Bs。

獨立混成聯隊 16 個聯隊。

區分	番號	備考
騎兵旅團	3KB 4KB	敵原有 1KB-5KB 等五個騎兵旅團，其 1KB、2KB、5KB 三十二年夏間已改編戰車師團。

騎兵旅團小計 2 個騎兵旅。

區分	番號	備考
戰車聯隊	2TKR 4TKR 5TKR 9TKR 11TKR 14TKR 15TKR 16TKR 18TKR 19TKR 20TKR 21TKR 22TKR 24TKR 25TKR 26TKR 27TKR 28TKR 29TKR 30TKR	敵原有 1TKR-27TKR 等二十七個戰車聯隊，其中之 1TKR、3TKR、6TKR、7TKR、8TKR、10TKR、12TKR、13TKR、17TKR、23TKR 等十個戰車聯隊已編入 1TKD-3TKD。

戰車聯隊小計 20 個聯隊。

區分	番號		備考
合計	101 (D)		(Bs) 以二個折合一個師團計算，(B)、(iBs)、(Rs)、海機旅各種守備隊以三個折合一個師團計算
	48 (Bs)		
	2 (B)		
	13 (iBs)		
	4 (海機旅)		
	16 (Rs)		
	21 (隊)	約合 143 (D) 2 (Rs)	
		4 (TKD)	
		17 (留守師)	
		2 (騎兵旅)	
		20 (TKR)	

附記

一、本表係根據三十四年三月上旬以前諸情報綜合判斷調製而成。

二、敵陸軍師團目下分為下列四種編制：

　　1. 甲種 A 師團

　　　汽車編制約二萬六千人

　　　1D、8D、12D

輓馬編制約三萬一千人

23D

共四個師團

2. 甲種 B 師團

輓馬編制約二萬一千人

G2D、2D、3D、4D、5D、6D、7D、10D、

14D、16D、19D、20D、24D、51D、57D

駄馬編制約二萬五千人

9D、11D、25D、28D

共十九個師團

3. 乙種師團

汽車編制約一萬五千人

13D、15D、17D、21D、34D、35D、36D、

37D、46D、52D

輓馬編制約一萬五千人

G1D、26D、30D、31D、32D、33D、42D、

43D、44D、45D、53D、54D、56D、61D、

71D、72D、73D、81D、86D、94D

駄馬編制約一萬六千人

G3D、18D、22D、27D、29D、38D、39D、

40D、41D、47D、48D、49D、50D、55D、

77D、84D、104D、110D、116D

共四十九個師團

4. 丙種師團

十二大隊制約一萬七千人

91D、109D

八大隊制約一萬三千人

58D、59D、60D、62D、63D、64D、65D、
68D、69D、70D、100D、102D、103D、
105D、113D、114D、115D、117D

共二十個師團

編制待查

66D、93D、107D、108D、111D、112D、118D、
119D、120D

共九個師團

三、敵 1D、16D、29D、43D、47Bs、48Bs、10Rs、9TKR
等在太平洋戰爭中已被殲滅，另有 6D、14D、
17D、20D、26D、35D、36D、38D、41D、51D、
52D、102D、36Bs-40Bs、48Bs-53Bs、65B、68B、
1海機旅、11TKR、14TKR 等已喪失戰鬥力。

四、敵三聯隊制師團中，其 G2D、1D、2D、4D、5D、
7D、10D、12 D、14D、15D、16D、19D、20D、
21D、22D、23D、24D、30D、32D、33D、34D、
35D、38D、43D、48D、51D、53D、54D、56D、
57D 等三十個師團之騎兵聯隊已改編為搜索聯隊，
26D 及 27D 兩個師團已改為搜索隊。

五、敵三聯隊制師團中，其 7D、9D、11D、13D、18D、
19D、21D、22D、25D、27D、28D、29D、33D、
36D、37D、38D、40D、41D、48D、52D、55D、
72D 等二十二個師團砲兵為山砲兵聯隊，其餘均為
野砲聯隊。

六、除騎兵旅團、海上機動旅團、戰車聯隊之外，其餘
　　特種兵均未列入表內。

十二、敵陸軍兵力配置判斷表

敵陸軍兵力配置判斷表

民國三十四年三月三十一日

軍令部第二廳第一處

倭國			千島	倭國本部	朝鮮	臺灣	琉球	小笠原
軍			27A	防衛軍總司令部 第五方面軍 北部軍 東部軍 中部軍 西部軍 東北軍 東海軍	朝鮮軍	臺灣軍	32A	
師團	甲種A師團	汽車編制						
		輓馬編制						
	甲種B師團	輓馬編制		7			24	
		駄馬編制					9 28	
	乙種師團	汽車編制						
		輓馬編制	42	61 44 45? 72 73 81		66		
		駄馬編制		G3 77 84		50		
	丙種師團	十二大隊制	91					109
		八大隊制					62	
	小計		2(D)	10(D)		2(D)	4(D)	1(D)
	戰車師團							

倭國		千島	倭國本部	朝鮮	臺灣	琉球	小笠原
師團	留守師團		G2 2 3 4 5 6 7 51 52 53 54 55 56 57	9 20 30			
獨立混成旅團		43 69	44 45 樺太				
步兵旅團							
獨立步兵旅團							
海上機動旅團		3 4					
騎兵旅團							
獨立混成聯隊				101	25?	15 21?	
國境守備隊							
獨立守備隊							
駐屯（防衛）隊							
戰車聯隊		11	2 18 19 22				26
部隊數	小計	2(D) 2(Bs) 2 (海機旅) 1(TKR)	10(D) 14(留D) 3(Bs) 4(TKR)	3(留D) 1(Rs)	2(D) 1(Rs)	4(D) 2(Rs)	1(D) 1 (TKR)
	合計	19(D) 5(Bs) 2(海機旅) 4(Rs)			約合 23½(D) 17(留D) 6(TKR)		
人數	小計	101,000	604,000	67,000	59,000	155,000	30,000
	合計						1,016,000

亞洲大陸－中國			東北	華北	華中南
軍			關東軍總司令部 關東防衛軍 第一方面軍 第三方面軍 3A 4A 5A 6A 30A?	華北方面軍 蒙疆駐屯軍 1A 12A	中國派遣軍總司令部 第六方面軍 7A 11A 13A 20A 23A 34A
師團	甲種A師團	汽車編制	12		
		輓馬編制			
	甲種B師團	輓馬編制	57		3
		駄馬編制	11	25	
	乙種師團	汽車編制	108 111		13 34
		輓馬編制	71 107		61 86
		駄馬編制	119 112	110	22 27 39 40 47 104 116
	丙種師團	十二大隊制			
		八大隊制		59 63 65 69 113? 114 115 117	58 60 64 68 70
	小計		9(D)	10(D)	17(D)
	戰車師團		1	3TKD (-6TKB)	6TKB/3TKD
	留守師團				
獨立混成旅團			59	2 3 5 7 8 9 66?	1 17 19 22 23 62? 63
步兵旅團					
獨立步兵旅團				1 2 9 10 14 15	5 6 7 8 11 12 13
海上機動旅團					
騎兵旅團			3	4	
獨立混成聯隊			7		
國境守備隊			1-7 9-13		
獨立守備隊			1 5 6 9		
駐屯（防衛）隊			阿爾山 琿春		香港
戰車聯隊			5 24		

亞洲大陸－中國		東北	華北	華中南
部隊數	小計	9(D) 1(TKD) 1(Bs) 1(KB) 1(Rs) 18(隊) 2(TKR)	10(D) 3TKD 主力 7(Bs) 6(iBs) 1(KB)	17(D) 3TKD 一部 7(Bs) 7(iBs) 1(隊)
	合計	約合 15½(D) 1(TKD) 1(Rs) 1(KB) 2(TKR)	27(D) 14(Bs) 13(iBs) 1(隊) 約合 38(D) 1(TKD) 2(iBs) 1(KB)	
人數	小計	489,000	424,000	605,000
	合計	489,000	1,029,000	

亞洲大陸－東南亞			越南	泰國	緬甸	馬來	蘇門答臘
軍			南方軍總司令部越南駐屯軍	泰國駐屯軍	緬甸方面軍 15A 28A 33A	第七方面軍 29A	25A
師團	甲種A師團	汽車編制					
		輓馬編制					
	甲種B師團	輓馬編制			2		62 4
		駄馬編制					
	乙種師團	汽車編制	21 37		15		
		輓馬編制			31 33 54 53 56	94	
		駄馬編制			18 49 55		
	丙種師團	十二大隊制					
		八大隊制					
	小計		2(D)		10(D)	(1D)	(2D)
	戰車師團						
	留守師團						
獨立混成旅團				29 34	24 72	33 36 37	25 26
步兵旅團							
獨立步兵旅團							
海上機動旅團							
騎兵旅團							
獨立混成聯隊							
國境守備隊							
獨立守備隊						12 18	
駐屯（防衛）隊							
戰車聯隊					14	15	
部隊數	小計		2(D)	2(Bs)	10(D) 2(Bs) 1(TKR)	1(D) 3(Bs) 2(隊) 1(TKR)	2(D) 2(Bs)
	合計		15(D) 9(Bs) 2(隊)		約合 19½(D) 2(隊) 2(TKR)		
人數	小計		50,000	30,000	298,000	82,000	100,000
	合計						560,000

太平洋			菲島	爪哇	婆羅洲	西南新幾內亞及小異他西里伯斯	西北新幾內亞	東新幾內亞	新愛爾蘭及新不列顛	代管島
軍			35A	6A	37A	第二方面軍 19 A	2A	18A	第六方面軍 17A	31A
師團	甲種A師團	汽車編制	8							
		輓馬編制	23							
	甲種B師團	輓馬編制	10 19			5		20 51	6	14
		駄馬編制								
	乙種師團	汽車編制				46	35 36		17	52
		輓馬編制	26 30				32			
		駄馬編制				48		41	38	
	丙種師團	十二大隊制								
		八大隊制	100 102 103 105							
	小計		10(D)			3(D)	3(D)	3(D)	3(D)	2(D)
	戰車師團		2							
	留守師團									
獨立混成旅團			54 55 58 61	27 28	56 71	57			36 38 40	48 50 51 52 53
步兵旅團			68						65	
獨立步兵旅團										
海上機動旅團							2			
騎兵旅團										
獨立混成聯隊			26						14	9 11 12 13
國境守備隊										
獨立守備隊										
駐屯（防衛）隊										
戰車聯隊						4				16

太平洋		菲島	爪哇	婆羅洲	西南新幾內亞及小巽他西里伯斯	西北新幾內亞	東新幾內亞	新愛爾蘭及新不列顛	代管島
部隊數	小計	10(D) 1(TKD) 4(Bs) 1(B) 1(Rs)	2(Bs)	2(Bs)	3(D) 1(Bs) 1(TKR)	3(D) 1(海機旅)	3(D)	3(D) 3(Bs) 1(B) 1(Rs)	2(D) 5(Bs) 4(Rs) 1(海機旅) 1(TKR)
	合計	24(D) 17(Bs) 2(B) 6(Rs) 2(海機旅) 約合 35½(D) 1(Rs) 1(TKD) 2(TKR)							
人數	小計	337,000	28,000	28,000	103,000	46,000	45,000	69,000	92,000
	合計								748,000

其他			位置不明	被殲部隊	喪失戰鬥力部隊
軍			36A		
師團	甲種A師團	汽車編制		1	
		輓馬編制			
	甲種B師團	輓馬編制		66	6 14 20 51
		駄馬編制			
	乙種師團	汽車編制	118		17 35 36 52
		輓馬編制	93	43	26
		駄馬編制	120	29	41 38
	丙種師團	十二大隊制			
		八大隊制			102
	小計		3(D)	4(D)	12(D)
	戰車師團		4		2
	留守師團				
獨立混成旅團				42 48	38-40 49-53
步兵旅團					65 68
獨立步兵旅團					
海上機動旅團					1
騎兵旅團					
獨立混成聯隊			16 18 22 27	10	11 14
國境守備隊					
獨立守備隊					
駐屯（防衛）隊					
戰車聯隊			20 21 25 27-30	9	
部隊數	小計		3(D) 1(TKD) 4(Rs) 7(TKR)	4(D) 2(Bs) 1(Rs) 1(TKR)	12(D) 1(TKD) 8(Bs) 2(B) 1(海機旅) 1(Rs)
	合計		約合 4(D) 1(TKD) 1(Rs) 7(TKR)	約合 5(D) 1(Rs) 1(TKR)	約合 17(D) 1(TKD) 1(Rs)
人數	小計		144,000		
	合計		144,000		

合計				
軍				
師團	甲種 A師團	汽車編制	2(D)	3(D)
		輓馬編制	1(D)	
	甲種 B師團	輓馬編制	14(D)	18(D)
		駄馬編制	4(D)	
	乙種 師團	汽車編制	13(D)	56(D)
		輓馬編制	22(D)	
		駄馬編制	21(D)	
	丙種 師團	十二大隊制	2(D)	20(D)
		八大隊制	18(D)	
	小計		97(D)	
	戰車師團		4(TKD)	
	留守師團		17(留D)	
獨立混成旅團			46(Bs)	
步兵旅團			2(B)	
獨立步兵旅團			13(iBs)	
海上機動旅團			4(海機旅)	
騎兵旅團			2(KB)	
獨立混成聯隊			15(Rs)	
國境守備隊			12(隊)	
獨立守備隊			6(隊)	
駐屯（防衛）隊			3(隊)	
戰車聯隊			19(TKR)	
部隊數	小計		97(D) 4(TKD) 17(留D) 2(B) 46(Bs) 13(iBs) 4(海機旅) 2(KB) 15(Rs) 21(隊) 19(TKR)	
	合計		約合 138(D) 4(TKD) 17(留D) 1(Rs) 2(KB) 19(TKR)	
人數	小計			
	合計		3,986,000	

附記

一、本表係根據三十四年三月下旬以前諸情報綜合判斷
　　調製而成。

二、敵軍各部隊之編制人數如下：

甲種A 師團：	汽車編制	二六、〇〇〇人
	輓馬編制	三一、〇〇〇人
甲種B 師團：	輓馬編制	二一、〇〇〇人
	馱馬編制	二五、〇〇〇人
乙種師團：	汽車編制	一五、〇〇〇人
	輓馬編制	一五、〇〇〇人
	馱馬編制	一六、〇〇〇人
丙種師團：	十二大隊制	一七、〇〇〇人
	八大隊制	一三、〇〇〇人
戰車師團：		一五、〇〇〇人
留守師團：		二〇、〇〇〇人
獨立混成旅團：	一聯隊制	四、〇〇〇人
	二聯隊制	一二、〇〇〇人
	五大隊制、	
	六大隊制	九、〇〇〇人
	八大隊制	七、〇〇〇人
步兵旅團：		四、〇〇〇人
獨立步兵旅團：		五、〇〇〇人
海上機動旅團：		五、〇〇〇人
獨立混成聯隊：		四、〇〇〇人
國境守備隊：	一地區隊制	四、〇〇〇人
	三地區隊制	七、〇〇〇人

四地區隊制　　九、〇〇〇人

五地區隊制　　一二、〇〇〇人

獨立守備隊、駐屯（防衛）隊：　五、〇〇〇人

騎兵旅團：　　　　　　　　　六、〇〇〇人

戰車聯隊：　　　　　　　　　二、〇〇〇人

三、各地區之人員計算法係依倭軍兵員編配原則，師旅團部隊人數加上 1/3 特種兵人數，1/4 兵站人數，1/3 野戰補充隊人數，但太平洋各島嶼之敵目下已無法補充，故不計算補充人員。又其喪失戰鬥能力之部隊，暫以原有人數之二分之一計算之。

附圖

白塔作戰計畫指導要圖

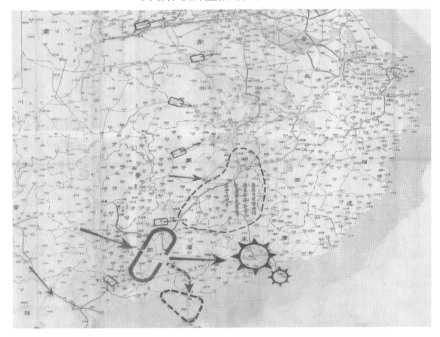

圖例

主攻

協力攻擊

助攻

輔助攻擊

初期攻擊目標

協力攻擊目標區

最後攻擊目標

白塔作戰計畫工兵計畫要圖

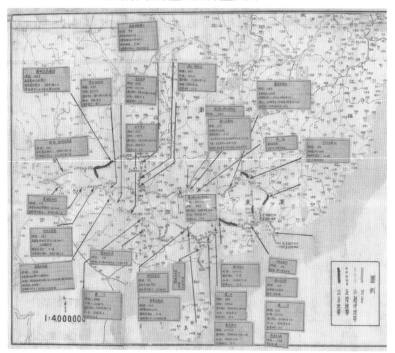

1:4000000

敵軍分布狀況並可能轉用兵力判斷要圖

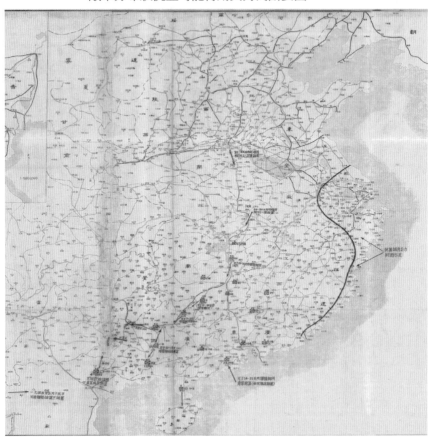

空軍作戰計畫要圖

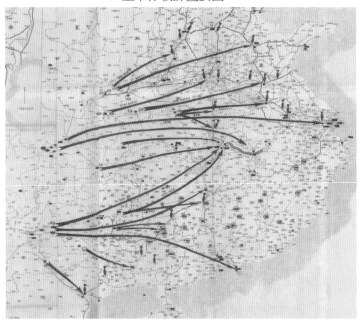

圖例

美軍
B-25
B-24
B-29
乾天氣戰鬥機
各季節戰鬥機
徵求同意構築之飛行場

構築中之飛行場
即將興築之飛行場

將予以擴大或徵求同意擴大之飛行場

被毀或為敵軍占領之飛行場

日軍
一級飛行場
二級飛行場

佈雷區

華軍兵力及分布狀況要圖

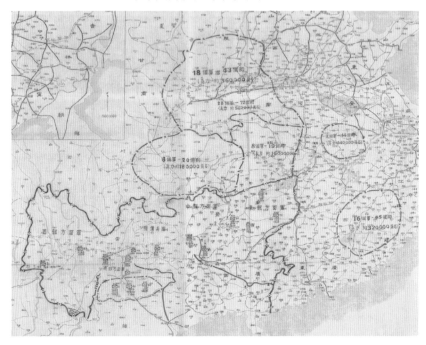

圖　例

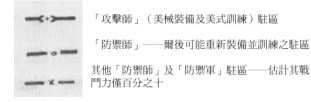

「攻擊師」（美械裝備及美式訓練）駐區

「防禦師」——爾後可能重新裝備並訓練之駐區

其他「防禦師」及「防禦軍」駐區——估計其戰
鬥力僅百分之十

中國戰區倭軍全般態勢判斷要圖（I）

民國三十三年十二月九日

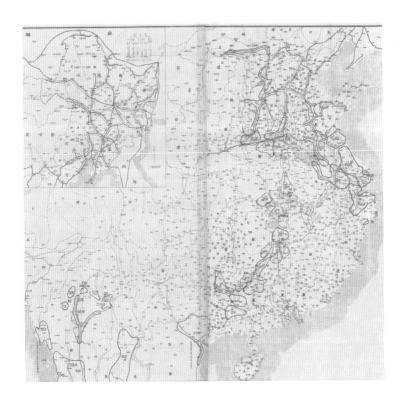

中國戰區倭軍全般態勢判斷要圖（II）

民國三十四年四月十四日

中國戰區倭軍全般態勢判斷要圖（III）

民國三十四年七月十五日

倭海空軍兵力配備判斷要圖（Ⅰ）

民國三十四年六月八日

軍令部第二廳第一處調製

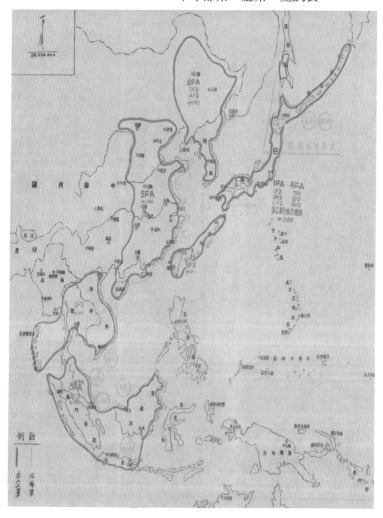

倭海空軍兵力配備判斷要圖（Ⅱ）
民國三十四年三月卅一日
軍令部第二廳第一處調製

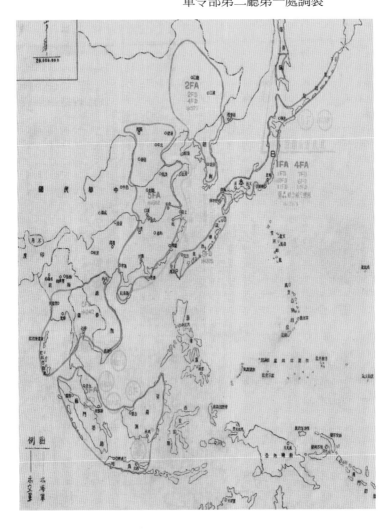

民國史料 30

冰人與白塔：
抗戰末期被遺忘的作戰計畫

Rashness and Beta: the Forgotten War Plan at
the End of the Second Sino-Japanese War

主　　編　蘇聖雄
總 編 輯　陳新林、呂芳上
執行編輯　林弘毅
文字編輯　王永輝、詹鈞誌
美術編輯　溫心忻

出 版 者　🛡️ 開源書局出版有限公司

　　　　　香港金鐘夏愨道 18 號海富中心
　　　　　1 座 26 樓 06 室
　　　　　TEL：+852-35860995

　　　　　✸ 民國歷史文化學社 有限公司

　　　　　10646 臺北市大安區羅斯福路三段
　　　　　37 號 7 樓之 1
　　　　　TEL：+886-2-2369-6912
　　　　　FAX：+886-2-2369-6990

銷 售 處　源流成文化 股份有限公司
　　　　　10646 臺北市大安區羅斯福路三段
　　　　　37 號 7 樓之 1
　　　　　TEL：+886-2-2369-6912
　　　　　FAX：+886-2-2369-6990

初版一刷　2020 年 7 月 31 日
定　　價　新臺幣 380 元
　　　　　港　幣 103 元
　　　　　美　元　14 元
I S B N　978-988-8637-74-4
印　　刷　長達印刷有限公司
　　　　　臺北市西園路二段 50 巷 4 弄 21 號
　　　　　TEL：+886-2-2304-0488